乡村振兴之
农民素质教育提升系列丛书

高素质农民培育必读

◎ 李伟越　郝文慧　张文强　主编

中国农业科学技术出版社

图书在版编目（CIP）数据

高素质农民培育必读／李伟越，郝文慧，张文强主编. —北京：中国农业科学技术出版社，2020.7（2024.11 重印）

（乡村振兴之农民素质教育提升系列丛书）

ISBN 978-7-5116-4812-9

Ⅰ.①高…　Ⅱ.①李…②郝…③张…　Ⅲ.①农民教育-素质教育　Ⅳ.①D422.6

中国版本图书馆 CIP 数据核字（2020）第 106863 号

责任编辑　徐　毅
责任校对　贾海霞

出 版 者　中国农业科学技术出版社
北京市中关村南大街 12 号　邮编：100081
电　　话　（010）82106631（编辑室）　（010）82109702（发行部）
（010）82109709（读者服务部）
传　　真　（010）82106631
网　　址　http://www.castp.cn
经 销 者　各地新华书店
印 刷 者　北京虎彩文化传播有限公司
开　　本　850 mm×1 168 mm　1/32
印　　张　6.25
字　　数　150 千字
版　　次　2020 年 7 月第 1 版　2024 年 11 月第 2 次印刷
定　　价　30.00 元

《高素质农民培育必读》

编 委 会

主　编：李伟越　郝文慧　张文强

副主编：郭华芳　卢慧苏　冯景波
　　　　孙　蕾　冯　艳　张启华

编　委：陈　斌　张庆军　丁绍文
　　　　汪万祥　杨桂梅　杨　野
　　　　宫艳华　刘冬梅　王锦峰
　　　　许　艳　吴　成　张小伟

前　言

党的“十九大”作出实施乡村振兴战略重大决策部署。乡村振兴，农民是主体，人才是基础。然而，农民科学素质距离新时代背景下实施乡村振兴战略的要求还有很大差距，全方位提升农民科学素质，培养一支有文化、懂技术、善经营、会管理的高素质农民队伍，成为今后农民科学素质提升行动的一项重要内容。为此，2019 年农业农村部提出大力培养高素质农民的新任务。

本书是在实施乡村振兴战略的背景下，针对高素质农民教育培训实际需要和农民学员的实际需求编写而成的，希望能够为高素质农民的发展提供基础性、实用性、关键性的知识。本书内容主要包括高素质农民解读、提高思想政治素养、增强法制意识、提高文化素质、提高技能水平、提升信息素养、提高经营管理水平、增强创新创业能力等。此外，文中还穿插了“相关链接”“相关案例”等栏目，以便读者更容易理解和掌握相关知识。

由于时间仓促，编者水平限制，书中难免存在不足之处，欢迎广大读者批评指正。

编　者

2020 年 4 月

目　录

第一章　高素质农民解读

第一节　高素质农民的特征

高素质农民是一种人才，在现代农业发展中发挥着示范引领的作用。成为一个高素质的农民，首先要把握高素质农民的主要特征。

一、有道德懂法律

在道德方面，高素质农民符合社会公德、家庭美德等道德规范要求，能够继承和发扬尊老爱幼、勤劳朴实等优秀农村道德传统；在法律方面，高素质农民树立起了法制观念，自觉地学法、懂法、守法，并能主动拿起法律武器维护自身合法权益。

二、有文化懂技术

科技文化素质是高素质农民最应该具备的素质。

有文化是指高素质农民必须具备一定的文化知识基础和通过接受教育提高接受新知识和各种信息的能力。农民知识化进程的快慢，在很大程度上决定着现代农业和新农村发展的步伐快慢。农民的整体文化素质决定了农民对新技术、新思想的接受程度，决定了农民对农产品新品种、环保意识、食品安全意识、绿色生产知识、标准化知识的接受能力，对农民市场经济知识与技能、经营能力和转岗能力有重大影响。

懂技术是指高素质农民必须具备一定的农业科学技术基础，接受过技能培训，提高自身吸收和运用新技术的能力。只有掌握现代农业生产管理先进技术，承接新技术新品种新装备，同时，传承“工匠”精神，只有这样的高素质农民，才能真正让农民信服，才能带领农民共同致富，才能真正引领现代农业发展。

【相关案例】

发展农村电商助力乡亲脱贫致富

32岁的程慧，是湖北省广水市土生土长的农家妹子，也是湖北省杰出的高素质农民代表。

“让湖北的农产品满世界飞！”这是她执着的追求。为实现这一目标，2016年，通过参加市农广校主办的电商知识培训班学得一技之长后，她领头创办了广水市旗峰电子商务有限公司，旨在发展农村电商助力乡亲脱贫致富。3年来，她成功打造了广水胭脂红鲜桃、荆州甘蔗、孝感禾丰大米等多个农产品“爆款”；同时，致力于培养一流电商人才，在该市农技部门的支持下，创办了广水市智慧旗峰电商培训学校，每年可为农村电商发展输送3 000名优秀电商实用人才。2018年，在她的带领下，旗峰公司年销售农产品达1亿多元，带动800余户农民扩大种植养殖规模，被评为湖北省首家“新型高素质农民培训示范基地”。

程慧是我国高素质农民的代表，他们将成为我国发展现代农业、实施乡村振兴战略的重要力量，为保障国家粮食安全和农产品有效供给发挥极其重要的作用。

三、善经营会管理

高素质农民应拥有先进的经营管理理念，能够从事专业化、标准化、规模化农业生产经营。

善经营会管理是指高素质农民必须具备一定的适应市场经济

发展的经营管理基础，以及通过参与市场提高自身经营管理水平和适应市场经济的能力。高素质农民除了是生产者，还是投资者、经营者、决策者，同时，也是市场风险和自然风险的承担者。实践证明，在市场经济日益发展的情况下，如果农民依然“面朝黄土背朝天”“土里刨食”，很难走上致富之路。“无农不稳、无工不富、无商不活”已经成为人们的共识，农民只有善经营，不断提高经营现代农业的水平，全方位拓展增收渠道，用工业的理念发展农业，推进农业生产经营向集约化、专业化、机械化发展，向标准化、信息化、产业化发展，才能实现致富的目标。

【相关案例】

“80后”青年邓深松

玉林市农贝贝农牧科技有限公司，原来是一家濒临破产的蛋鸡公司。邓深松是农村出身的“80后”青年，长期跑养殖场做动保服务，在政府鼓励下接管该企业后，加强规范管理，强化产品品质，实现智慧养鸡。由于鸡蛋品质好有保障，逐渐建立起自己的品牌，通过农超对接等方式，打开了市场销路，目前该企业存栏蛋鸡30万羽，拥有2个生产基地6个独立生产场区，已经成为当地知名龙头企业。

四、强体魄树新风

年龄相对年轻、身体素质好是高素质农民的重要特征。他们拥有健康的体魄，积极开展体育健身，组织开展具有农耕农趣农味的健身活动，丰富农民精神文化生活，提升农民健康水平，增强农民获得感、幸福感、安全感。通过推动农村民间传统体育发展，大力弘扬中华民族优秀文化，引领带动乡村文明建设，树立良好乡风民风。

五、敢创新能担当

带动小农户和贫困户发展是高素质农民发挥示范引领作用最重要的体现，高素质农民应具有较强的自我发展能力，愿意带动小农户和贫困户共同发展，在乡村振兴中积极贡献力量。

【相关案例】

创新创业者姚春发

41 岁的姚春发来自国家级贫困县——宁夏回族自治区西吉县。土生土长的他，实现了从一个懵懂的农村青年向职业高素质农民的华丽转身。

2008 年，姚春发在家乡成立了西吉县春发蔬菜专业合作社，带领周边农户采用先进技术种植优质蔬菜，吸纳建档立卡户农民进园务工，带领乡邻们过上了好日子。2017 年，在原来蔬菜合作社的基础上，他组建了春发农业综合服务站，为当地农民群众提供社会化服务。服务站还依托种植基地建设了农民田间学校，先后培训农民 300 人次，帮助农民解决生产中遇到的实际困难和问题。

第二节　高素质农民的类型

现代农业所需的高素质农民类型主要包括如下几种。

一、经济功能类

建设农业科技强国，实现各类新兴农业和涉农产业的经济效益，经济功能类人才是提高我国农业竞争力的关键因素，这类人才包括：①懂科技、善经营、会管理的涉农企业家和经营管理人才；②厚基础、宽口径、多专业、复合型的涉农科研专业人才及农产品（农、林、牧、渔业）创新人才，特别是各专业领域的顶尖领军人物和学科带头人，以及农业装备（设施）技术的农业工程人才；③既懂农业技术，又懂农产品加工专业的涉农产品深加工的农业技能型人才（高级技工、技师）；④懂农业技术，又有实践经验，深入农业生产的产前、产中、产后开展农业科技成果推广应用、农产品推销的农业推广人才。

二、生态功能类

建设现代化农业对生态环境功能有更高要求，对内强化生态功能，这类人才需求将有较大较快增加，这类人才包括：①林业、园林花卉业人才；②绿色食品标准化检验检测人才；③农业生态和环境保护人才；④农业生物技术人才。

三、服务功能类

适应农业科技强市、对外强化服务功能的需要，以服务带动农业产业发展，要有大量现代农业服务功能的人才，这类人才包括：①涉农物流人才（包括涉农外贸）；②涉农会展人才；③涉农市场中介与媒体（包括广告）人才；④涉农信息技术（包括咨询服务、数据化技术）人才；⑤农畜产品标准化检验检测、监督、认证等人才。

第三节　高素质农民的培养

人才振兴是乡村振兴的基础，农业农村人才是强农兴农的根本。培养造就高素质农民队伍，是乡村振兴战略背景下提出的新任务、新要求。

一、培养高素质农民势在必行

农民是农业的主体、农村的主人、“三农”的根本。高素质农民“有文化、懂技术、善经营、会管理”，承载着中国农业的未来。

当前，我国农业正加快由传统向现代升级，农业劳动力比例逐年下降，规模化经营快速发展，农业与二三产业融合加快，产业形态新变化、农村社会新变化、农业从业者新变化等都对农民素质提出新要求。

一方面，务农劳动力平均年龄快速提高，老龄化趋势十分明显；另一方面，土生土长的青壮年农民，面对的是全新农业，更加依赖有效的组织来充分对接市场。与此同时，随着返乡下乡创业热潮方兴未艾，返乡人员正成为农业劳动力的重要补充。他们迫切需要熟悉农业产业特点、补齐农业知识短板，提高创业成功率，带动更多人才回流农村。

实践证明，高素质农民生产经营状况带来了良好的效果。论坛发布的2019年全国高素质农民发展报告显示，2018年，高素质农民的农业经营纯收入达到每年3.13万元，相当于同期城镇居民人均可支配收入3.93万元的80%，是农村居民人均可支配收入1.46万元的2倍多。所以，农民素质提升必须跟上新形势、新变化，才能推动农业发展转到现代农业的轨道，做大做强主导产业、特色产业和优势产业，实现乡村振兴。

二、培养高素质农民的重要意义

1. 培养高素质农民是实施乡村振兴的迫切需要

实施乡村振兴战略，首先是人的振兴，是农民的振兴。中央关于实施乡村振兴战略的意见中明确提出，要坚持农民主体地位，切实发挥农民在乡村振兴中的主体作用。国家中长期人才发展规划纲要明确提出统筹推进包括农村实用人才在内的六支人才队伍建设，高素质农民具备较高的科技文化素质，在保证国家粮食安全、完成脱贫攻坚任务、全面深化农村改革、引领绿色农业发展、带动农民增收致富等方面发挥着重要作用，是农村实用人才的主体力量，为产业振兴、文化振兴、生态振兴和组织振兴提供强有力的人才支撑，推动农业全面升级，农村全面进步，农民全面发展。

2. 培养高素质农民是加快农业现代化建设的必然要求

当前，我国农业发展已进入转变发展方式、优化经济结构、转换增长动力的攻关期。高素质农民作为新产业新业态的先行者、新技术新装备的承接者，新型经营主体的实践者，他们积极发展休闲农业、创意农业、农村电商、农业综合体，促进一、二、三产业融合发展，推动农业产业转型升级；广泛采用现代农业科技，加快科技成果转化应用，有效提升农业综合生产能力；创新发展模式，开展多种形式适度规模经营，有效提高农业经营集约化、规模化、产业化水平，全面推进产业体系、生产体系和经营体系构建，加快推进农业农村现代化进程。

3. 培养高素质农民是推动农村社会治理现代化的重要举措

高素质农民拥有较强的社区关系与组织关系，是国家政权在农村的阶层基础，是农村社会的润滑剂、缓冲器，其中，还有一批在农村富起来的新乡贤，他们能够把村社有效组织整合起来，走上农村社区化和组织化的发展道路，推动农村实现社会治理秩序转型和农村社会治理现代化。陈仲礼是广西壮族自治区鹿港村高素质农民，也是一位新乡贤，创办仲礼瓷业有限公司，捐款100多万用于修建农村文化广场、健身器材，丰富农民精神文化生活，促进农村社会事业发展，加快实现农村社会治理现代化。

4. 培养高素质农民是带动农民全面发展的主体力量

高素质农民是农民的优秀代表，是农民中最具发展活力的群体，代表着农民的未来发展方向。当前，大量社会资本向农村地区倾斜，一些龙头企业、工商资本等进入不甚熟悉的农业领域，需要一大批爱农业爱农村、有文化懂技术、善经营会管理、强体魄树新风、敢创新能担当的高素质农民配合衔接，发挥其熟悉农业、热爱农村、关爱农民的优势，参与企业运行，促进企业实现自身发展的同时，更好地带动当地经济发展；可以创造更多就业机会，使更多农民分享到农业产业增值收益，更好地享受农业农村经济社会发展成果，增强农民获得感、幸福感、安全感。

三、培养高素质农民的路径

教育培训是培养高素质农民的重要路径。

1. 精准实施农民职业培训

做好培训对象遴选及需求调研，精准培训对象、实施差别化培训。要突出产业引导，坚持课程设置与产业需求相结合，科学编制培养方案，设置实用性、操作性强的课程内容，从而提升培训的针对性和精准性。在课程设置上，要更多地考虑农民的实际需求，继续打造一批全国示范基地，为培训工作提供支撑保障，实现职业培训与农业产业链无缝对接，切实满足农民实际需求和产业发展需要。

2. 大力发展农民职业教育

2019 年中央 1 号文件提出“大力发展面向乡村需求的职业教育”，农业农村部 1 号文件提出“大力发展面向乡村振兴实际需求的农业职业教育”。江苏省泰州市农广校与江苏农牧科技职业学院将中职“现代农艺技术”专业与高职“园艺技术”专业课程有效衔接，实现联合办学、联合培养，成效明显。农民职业教育要在路径方式、课程内容、教学过程、学习成果等方面积极探索，推动农民职业培训与职业教育以及本科以上教育层次的有机衔接，全面提升农民的学历层次和职业能力。

3. 切实强化农民教育培训支撑

（1）加强师资队伍建设。培养高素质农民离不开一支高水平的师资队伍。面向农民群体的授课教师不仅要有深厚的理论功底，更要有丰富的实践经验。要培养一批来自院校的接地气的理论教师和创业导师，培养一批来自推广队伍的产业技术讲师，培养一批管理干部成为政策宣讲师，培养一批生产一线带头人成为实训讲师。

（2）推进教材开发建设。针对农民的教材必须简单易懂，增强针对性和可操作性，与枯燥的文字相比，图片、视频类资源更符合农民的认知特点。要加快研究制定教材建设规范，加快推进文字教材和多媒体教材共同建设，切实构建特色鲜明、内容全面、形式多样、务实管用的教材体系。

（3）加强“全国农业科教云平台”建设。推进各省各地落地对接、推广应用和拓展开发，发展线上线下融合培育，加大手机应用技能培训力度，助力手机成为农民的“新农具”。

（4）建立实训基地。要积极依托农业科技园区、农民合作社、农业企业、示范家庭农场等，建立农民田间学校和实训基地，建立“现场教学+线上学习”线上线下混合教学模式，“田间课堂+实训基地”实践教学模式。

4. 全面构建农民教育培训体系

农广校作为农民教育培训主体，要以“不求所有、但为所用”的开放心态，统筹各类院校、科研院所、农技推广机构、龙头企业、新型经营主体等各类资源，广泛调动社会力量参与，真正实现在产业链上、在生产实践中推进人才培养。部、省、市、县各级都要发挥自身优势，探索分层培训的机制，形成上下联动、差异互补的立体化多元化培养体系。探索培训时长、学分、证书转换互认，畅通各层次教育培训渠道，实现“两条腿”协调同步。

【相关案例】

李会军的求学经历

“我以前是个传统农民，当我走进县农广校的教室，授课老师传授的绿色、有机、无公害、标准化生产等新技术、新理念让我耳目一新，也激发了我投身现代农业的兴趣。随后，我又多次参加农广校的培训班，通过专家课堂讲授、现场实地观摩等方式，学到了不少新技术、新理念，见到了许多成功实例，让我坚信发展现代农业可以大有作为。”作为参会农民发言代表之一、陕西省渭南市澄城县金粒香农业有限公司董事长李会军，此刻正用他那陕西特色方言激情四射地讲述着他的求学经历。通过农广校的系统培训，使他的事业获得了巨大的成功，他也因此牵头成立了渭南市首家新型高素质农民协会。

第二章　提高思想政治素养

第一节　思想道德素养

一、思想道德素养的概念

思想道德素养是一个人思想和道德内在统一的综合体现，是思想素养和道德素养的融合和统一，是一个人行为规范的标准。思想素养与道德素养是相互制约、相互影响的，共同构成人的思想灵魂。

思想素养包括人的人生观、价值观、世界观、社会观等。道德是以善恶为评价标准，以人的信念、社会舆论、传统风俗为评价尺度的人的行为规范的总和。道德素养是人们的道德认识和道德行为水平的综合反映，包含一个人的道德修养和道德情操，体现着一个人的道德水平和道德风貌。而思想道德素养是指人在一定的社会环境和教育的影响下，通过个体自身的认识和社会实践，在政治倾向、理想信仰、思想观念、道德情操、法律素养等方面形成的比较稳定的品质。

高素质农民的综合素养中，思想道德素养居于核心和基础的地位，是管方向的，是统帅，是灵魂，与科学文化素养一起构成最基本的素质。作为高素质农民素养的一个重要方面，其状况决定了农民的社会经济行为。

二、思想道德素养的具体要求

(一)思想素养要求

1. 有正确的人生价值观

树立正确的人生价值观是衡量新型高素质农民人生态度和人生价值的重要方面。从客观实际出发，采取科学求实的态度来想问题和办事情，认清人与自然、人与社会的关系，克服挥霍浪费、摆阔气、讲排场的不良风气，把个人致富与集体致富、勤劳致富与勤俭持家有机结合，抵制和反对拜金主义、享乐主义、极端个人主义，具有热爱农业、献身农业的良好品质。树立幸福、乐观的人生观，对人生抱有积极乐观的态度。新型高素质农民的价值观应该是理性的，是用来评价自己合意的目标的准则，是对周遭社会存在的反映，要正确地对待金钱、权力、地位，正确处理理想与现实的关系。避免盲从、理性消费，量入为出、适度消费，以群体和社会的利益为中心，努力为农村的建设做出贡献，以实现自己的人生价值。社会主义新型高素质农民应成为思想观念新、创新精神强、科技知识精、致富信息灵的新农村建设领跑者。

2. 有较强的集体主义精神

集体主义是推动我国社会前进的巨大力量，也是社会主义精神文明建设主旋律的重要组成部分。它凝聚着广大农民群众投身建设社会主义新农村的全部力量，是培育社会主义新型高素质农民的基本要求。

新型高素质农民要能够认清社会主义制度的优越性，坚持共同富裕的发展方向，教育、引导周边广大农民群众发扬团结互助的集体主义精神，并能正确认识和处理国家、集体、个人三者之间的利益关系。认清国情，坚定社会主义信念，只有爱祖国、爱集体、爱新农村，才能在建设新农村精神的感召力下感受社会主义制度的优越性。

3. 有较好的民主法制观

具有较强的民主法制观念，是新型高素质农民的重要特征之一。在农村，建设民主法制事关农村经济发展和社会稳定，是社会主义新农村建设必不可少的重要工作。民主和法制能充分保障农民当家做主的权力，是农民合理表达自己意愿的有效方式。新型高素质农民应是具有较好民主法制观念的农民，要积极参与农村基层民主法制建设，学法、知法、懂法、守法、普法，学会用法律武器保护自己的权益。

在民主方面，依据国家的政策和法令以主人翁身份直接参与决策，参与管理农村社会生活领域的各项事务，从而树立起较强的民主意识和法制观念，养成良好的民主习惯。共同制定村规民约，具有较强的政治参与意识、自我表达意识、自我管理意识以及主人翁意识，积极主动地参与民主选举、民主决策、民主管理和民主监督，学会珍惜自己拥有的民主权利，通过合法途径表达自己的愿望和民主诉求，保障自身的民主权利。在法制方面，树立法制观念，提高依法办事的能力。针对农村的实际情况，做好普法宣传工作，使广大农民了解与自己的生产生活有关的法律法规，了解应有的权利和义务，做到正确行使权利，自觉履行义务，遵纪守法，提高维护社会稳定的自觉性。

4. 有较强的市场竞争观和效率观

社会主义市场经济已经初步建立，并在逐步完善中。农村市场经济作为市场经济不可缺少的部分，正随着建设社会主义新农村的进程不断完善。改革开放 40 年来，市场与市场经济已经逐渐深入我们的经济生活，农业活动也不例外。市场经济是竞争经济，竞争就必须按优胜劣汰的规律行事。新型高素质农民要适时打破与当前市场经济不相适应的传统小农经济，提升竞争能力和应变能力。

新型高素质农民应该树立与市场经济和社会化大生产相联系的竞争观和效率观。要想适应新形势，就必须适应市场经济发展的需要，农业生产也必须以市场为导向，摆脱传统农业那种自给自足的生产状态，摆脱安于现状的小农意识和“重农轻商”的传统观念，掌握市场经济运作的规律，根据市场的需求，生产适销对路的产品。只有这样才能有利于捕捉各种新的信息，随时掌握市场动态，对市场规模、需求情况、发展趋势等做出科学预测，按照市场需求组织生产，积极地参与市场竞争，从而更好地促进农业和农村经济的发展。

5. 有敏锐的信息观、政策观和创新观

在信息化时代，人们的思想观念只有不断更新，才能与时俱进。观念决定着发展的思路，思路决定着发展的出路，出路决定能否在市场经济中致富。新型高素质农民应当关心国家大事，了解党中央关于农村经济建设和发展方面的各项政策，真正理解社会主义新农村建设的宏伟蓝图。这些对于搞好生产、劳动致富具有重要的指导意义，只有了解了国家相关的农村政策，农民才能根据国家和社会的需求来计划自己的生产，把国家和社会的需要同自己的生产紧密结合起来，这样才能做到有的放矢。新型高素质农民通过经常性的形势和政策的学习，联系国际形势、国家大局，能够正确地观察和分析形势，全面准确地理解党的政策。在形势好的时候，看到问题，不盲目乐观；在遇到困难和挫折的时候，看到光明，不悲观失望。

（二）道德素养要求

1. 热爱农村，有主体责任意识

农村是一个广阔的天地，农业是国民经济的基础，万物土中生，地是无价宝。农民世世代代劳动、生息、繁衍在农村，从事着农业生产，他们依靠自己勤劳的双手，发展生产、扩大经营、战胜灾害、克服困难，为国家提供了大量的粮食和农副产品，为工业的发展提供原料，也提供了大量劳动力和原始资本积累。因此，新型高素质农民应该热爱农村，了解中国农业的现状，并能认识到，扎根农业、从事农业、干好农业，是一项光荣而崇高的事业，从而树立发展农村经济的主人翁的责任感和事业心。

2. 诚实守信，恪守职业道德

敬业、责任、诚信，不仅是中华民族的传统美德，也是当代农民应具有的品质。应把新型高素质农民的诚信教育摆在突出位置，作为新一轮农民职业道德教育的总要求，使诚信文化渗透农民工作、学习、生活的方方面面，增强全体农民的信用意识。尤其是在市场经济发展的今天，诚信显得更加重要。农业已从封闭落后的半自给自足的产品经济逐渐转向开放的、活跃的商品经济，新型高素质农民的生产已不是主要为了满足自身需要的自给自足的生产，而是为了创造更多用来交换的商品。现代市场经济是交换的契约经济，更是诚信经济。在以诚信作为维系条件的市场经济中，应坚持货真价实、童叟无欺，不以次充好、掺杂使假、坑蒙拐骗，坚决制止、杜绝任何假冒伪劣商品。在经济往来中讲信用、重信誉，遵循市场交易既定的规则，恪守各种经济合同的约定，不违反各种经济原则，不偷税漏税，自觉依法维护农业市场经济的正常运行秩序。诚信是现代市场经济健康运转的不朽灵魂，诚实守信、恪守职业道德是市场经济条件下新型高素质农民必须具备的道德素养。

3. 保护环境，有强烈的环保意识

环境保护的问题已经成为衡量一个人道德水平高低的重要尺度。保护环境，就要做到正确处理经济发展与保护环境两者之间的关系，深刻认识资源的有限性和环境污染的危害性，特别要意识到浪费资源、污染环境最终会殃及自己和子孙后代。我们当前进行的社会主义新农村建设就应该以科学发展观为指导，坚持可持续发展的原则。新农村建设的要求中重点提到“村容整洁”，涵盖了农村生态环境建设的相关内容。伴随农业经济发展，要特别注重保护农村生态环境，树立环保意识。一是农业生产要依靠农业科学技术而非扩大种植面积的方式来增加产量，严禁大面积的森林砍伐；严禁过度放牧而导致草地被毁，丧失保持水土的功能；合理控制使用农药化肥，保持土地质量。二是农村生活方面要树立良好的生活习惯，不将生活垃圾直接扔到河边、村头、庄稼周围，保护农村水质与空气质量，禁止将污染型企业引入农村，造成农村环境严重恶化。

社会主义新型高素质农民应当具有生态意识和绿色环保意识，要认识到保护自然环境、维护生态平衡是每个社会成员包括新型高素质农民应尽的社会责任和道德义务。

4. 文明高尚、摒弃封建迷信思想

新型高素质农民以现代意识在社会生活、社会行为中发挥重要作用，具体体现在思想观念、精神风貌、移风易俗、民主选举、提高修养等方面。社会主义新农村的一个重要标志就是乡风文明，因此，要加强农村精神文明建设，净化社会风气，营造文明风尚，破除封建迷信思想，让健康、文明、科学的生活方式自觉融入家庭和农村社区。可以通过在农村建立文化站、图书室，引导农民自觉抵制低级趣味、庸俗和迷信的活动，优化农村道德素养建设的外在环境。创造一个农民群众安居乐业、物质文化生活丰富多彩、邻里之间和睦相处的良好环境是建设社会主义新农村的重要目标，新型高素质农民要在这一过程中发挥主导作用。

新型高素质农民应摒弃自给自足、墨守成规、循规蹈矩的生产生活方式，脱离对土地的严重依赖心理，树立创造新生活的愿望和勇气，重视农业科技创新，推进高产、高质、高效的农村农业经济模式。

三、农民思想道德素养的评价

对农民的思想道德素养的评价可从以下几个方面来衡量。

（一）思想素养方面

1. 具有坚定的理想和信念

理想和信念是思想道德素养的一个重要方面，坚定和正确的理想信念能够促进一个人思想道德素养的提高。因此，高素质农民应该具备坚定的理想和信念。其衡量标准，就是看其是否认同和接受国家和大众的共同理想，除此之外，看其是否有自己的理想，无论是大是小，只要是正确的，是否勇于坚持、勇敢追求。高素质农民还应具备坚定和执着的信念，不会因为环境和他人的想法而轻易动摇，应有对美好生活的向往和追求。

2. 具有较强的政治和民主法制意识

一个人思想道德素养的高低取决于很多因素，但是政治倾向和法制素养是两个不可避免的因素。它们作为思想道德素养的两个方面，对思想道德素养的高低起着至关重要的影响作用。高素质农民作为新型高素质农民的优秀代表应该具备较强的政治和民主法制意识。其衡量的尺度，就是看他们是否在社会主义核心价值体系的指导下，认同国家的大政方针；是否能做到在自己致富后带领传统农民一起致富；是否具有一定的民主法制意识，积极参与民主活动；是否了解基本的法律常识，能够通过法律渠道维护自身的权益，并能够运用法律帮助传统农民解决实际问题等。

（二）道德素养方面

1. 具有良好的家庭美德

具有良好的家庭美德，是每个公民在家庭生活中应该遵循的行为准则，具体体现在夫妻之间、长幼之间、邻里之间等关系处理上。它不仅关系到每个家庭的美满幸福，也有利于社会的安定和谐。其衡量标准是看其能否正确处理家庭问题，善于培养家庭成员之间的感情，尊崇传统的孝道观，长幼有序，善于邻里之间的沟通，不会因为一点小的利益而导致邻里不和。在家庭生活中，看其是否勤俭持家，不讲排场，也不攀比阔气。

2. 具有良好的社会公德

社会公德是指人们在社会交往和公共生活中应该遵守的基本行为准则，是维护社会成员之间最基本的社会关系秩序，保证社会和谐稳定的最起码的道德要求。良好的社会公德，具体包括以下内容。

（1）文明礼貌。文明礼貌是社会交往中必然的道德要求，是调整和规范人际关系的行为准则，与我们每个人的日常生活密切相关。看一个人是否文明礼貌，主要看其是否诚信待人、亲切待人、与他人和谐相处等。

（2）助人为乐。在社会公共生活中倡导助人为乐精神，是社会主义道德建设的核心和原则在公共生活领域的体现，也是社会主义人道主义的基本要求。

（3）爱护公物。对社会共同劳动成果的珍惜和爱护，是每个公民应该承担的社会责任和义务，这既显示出个人的道德修养水平，也是整个社会文明程度的重要标志。

（4）保护环境。热爱自然、保护环境是当今时代社会公德的重要内容。热爱自然、保护环境，从根本上说，是对全人类的生存发展利益的维护，也是对子孙后代应尽的责任。

（5）遵纪守法。遵纪守法是社会公德最基本的要求，是维护公共生活秩序的重要条件。

3. 具有良好的职业道德

所谓农民职业道德，就是指农民在履行社会分工所给予社会职能的活动中，以及在履行本职工作的活动中，所应该遵循的行为规范和准则。一旦农民职业道德失调，那么将产生一系列不利的连锁效应。

具有良好的职业道德，要求新型高素质农民从事农业生产经营活动时，必须从职业观念、职业态度、职业技能、职业纪律和职业作风等方面严格要求自己，遵循一定的职业操守，诚实守信、尊重他人、造福社会。

（1）当前一些农民职业道德失调的主要表现。近年来，餐桌上的问题，即食品安全问题已经引起了人们的高度关注，吃得放心、吃得安全等目标成为人们孜孜不倦的追求。不可否认的一个事实是：当今食品安全问题尤其是农产品质量安全问题越来越严重。现阶段，我国一些地方的农产品出现质量问题有农民职业道德失调的因素，主要表现在农民失信违约成风，利己思想盛行，违法生产严重。农民职业道德失调对农产品质量安全的影响，既有农产品生产中化学化工品滥用，使消费者的身体健康受损，也有农民违背规律，生产急功近利，导致农产品质量低劣，使农产品质量安全问题越发严重化、普遍化等。

如果农民职业道德不能够很好地对农民在农产品生产中的行为进行约束，不能够发挥其重要的效能，那么，农民就有可能为了既得利益，在思想上完全摆脱农民职业道德的束缚，在行为上更加“大胆”，这只能让农产品质量安全问题更为严重化，久而久之，农产品质量安全问题越来越严重，甚至会达到随处频发且难以解决的地步。

（2）重视和加强农民的职业道德教育。农民的职业道德教育是提高农民职业道德水平的重要途径，也是保证农民职业道德的调节功效正常发挥的重要手段。当然，加强农民的职业道德教育，就是加深农民对职业道德的认识，并提高农民的职业道德意识，使其深深扎根在农民的心中，为防止农民职业道德失调提供保障。与此同时，我们应该长期地耐心地教育农民，帮助他们摆脱背上的包袱，同自己的缺点错误做斗争，使他们能够大踏步地前进，从而使农民心中装着“一杆秤”，在面对既得利益与大是大非的时候能够做出正确的抉择，并在一定程度上促进农产品质量安全问题的解决。

(3) 树立和宣传农民职业道德榜样。古人有云："以铜为鉴，可以正衣冠；以人为鉴，可以明得失；以史为鉴，可以知兴替。"因此，道德榜样的树立就相当于在农民的面前摆放了一面镜子，不仅"照出"了农民自身的不足，农民还可以对着"镜子"梳理自己。而道德榜样无穷的力量无疑是防止农民职业道德失调的重要策略，也为农产品的安全生产起到了"保驾护航"的作用。然而，道德榜样应该既是生产中的能手，又是职业道德素养较高的农民。因为，在市场经济高度发达的今天，农民对于经济利益的获得会更加看重。

【相关案例】

一位农场主眼中的"职业道德"

陈龙是沂蒙乡村之星，也是临沂市十佳高素质农民。他的家乡郯城素有"鲁南粮仓"的称号，这里种植着30多万亩（15亩=1公顷。全书同）的水稻。陈龙说的一句话，给人们留下了深刻的印象。他说："一个农民职业化，你得有这种理念，有这种情怀，做医生有职业道德，做律师有职业道德，我们做农民也有职业道德，那就是要种出安全放心的农产品。"

陈龙种水稻多年，在他印象里，小时候水稻田里有不少龙虾、螃蟹，还有不少青蛙、蚂蚱等，生态链条完善。但近几年，过量的使用化肥、农药，生态链条遭到了破坏，看月夜下萤火满天、听稻田里蛙声一片的景象不常见了。陈龙想通过稻虾共养的模式生产安全放心米，但如果按照传统的方式并不容易实现。肥料一旦不环保，施到田里后，就会抑制龙虾的生长。在刘禄博士的帮助下，陈龙给水稻用上了一种控释肥，这种肥料肥效慢慢地释放，既不影响龙虾的生长，还能让水稻得到充足的营养。陈龙说："我种得很坦然，心安理得地种地，随便到哪地方去检测，稻米都是安全的，无药残的，安全的食品就是一个了不起的食品。如果吃着不放心，产量再高也不行。"

第二节　政治素养

一、政治素养的概念

所谓政治素养，一般是指对我国的民族、阶级、政党、国家、政权、社会制度和国际关系具有的正确的认识、立场、态度、情感以及与此相适应的行为习惯。包括政治主体关于政治的观念、知识、能力和技巧 4 个方面。政治观念是对参与政治的目的、责任以及参与者的基本权利的看法；政治知识是对现行的政治制度和参与政治的程度等的了解程度；政治能力是指政治参与者做出政治选择和判断，以及表达自己政治意见的能力；政治技巧是处理特殊政治问题的策略、方法和灵活性。

二、高素质农民应具备的政治素养

高素质农民应具备以下几个方面的政治素养。

1. 较强的政治意识

政治意识作为政治领域的精神现象，是政治生活和政治活动的心理反映，是人们在特定的社会条件下形成的政治态度、政治情怀、政治认识、政治习惯和政治价值的复合存在形式，它构成政治系统的基础和环境，是政治的隐性结构。政治意识作为隐藏在人们政治行为背后的无形的精神力量，无时无刻不在影响着人们的政治判断和政治决策。高素质农民应具有较强的政治参与意识，即以主人翁的姿态，通过各种合法方式参与国家的政治生活和农村的各项社会事务，并能在各项活动中较准确地分辨是非，不盲目听从他人的鼓动，有自己的政治见解。高素质农民还要有鲜明的民主权利意识，懂得如何运用自己的民主权利，把农村的基层民主建设好。

2. 充分的政治知识

历史上，中国农民与政治基本上是无缘的。新中国成立后，国家通过一系列政策、制度和法规大幅度提高了农民的社会地位。在党和政府的关心和重视下，农民的主人翁责任感大大增强。他们积极响应和支持党和政府的方针政策，关心国家大事，参与民主管理活动，政治法律素质有了明显提高。但是我们也必须清醒地认识到，就总体而言，中国农民的政治知识比较缺乏。新农村建设要求广大村民必须熟知我国现行的政治制度和政治体制；了解党在农村的各项方针政策，并能做出自己的理解和评价；了解有关村民自治制度的具体内容，以便能积极参与村民自治的实践；了解自己所拥有的政治权利、应承担的政治责任，以及通过什么样的方式和渠道参政议政等，以便更好地参与农村的政治生活。

3. 较强的政治参与能力

政治参与是公民自愿通过各种合法方式参与国家政治生活的行为，其行为特点带有自愿性和选择性。建设新农村，需要全体村民发挥自己的聪明才智，积极投身于各种政治活动中，凭借自己所掌握的政治知识对村里的大小事务做出及时、准确的判断和选择，并通过适当的形式将自己的政治意愿和要求清楚地表达出来，表明自己的政治立场，亮明自己的政治观点，为村庄的政治发展尽力。

4. 合理地表达政治诉求

农村政治事务无论大小，都涉及每一位农民的切身利益，不可避免地会与他人或乡镇政府发生这样那样的矛盾冲突。当自己的政治权益受到不法侵害时，应运用适当的方法和技巧，将矛盾化解在萌芽状态，达成自己的政治诉求。而事实上，发生在农村的很多不愉快事情，如村民选举中的贿选、拉帮结派、群体冲击乡镇政府等，大多是因农民处理政治事务的方法过于简单，才使矛盾激化，导致局面难以收拾。

三、增强农民政治意识的措施

1. 提高新型高素质农民的政治参与意识

树立农民的政治主体意识，在很大程度上就是要激发农民的政治热情。家庭联产承包责任制在调动了农民的生产积极性的同时，也使每个农户变成了完全独立的利益主体。当农民作为独立的利益主体与其他利益主体、自治组织和政府部门发生互动和冲突的时候，他们的利益主体意识就会进一步清晰化，逐渐萌生出权利意识和对自身利益的保护意识，并不断得到强化。可以预见，随着中国农村改革的进一步深入和发展，随着农民、村集体与国家之间的利益关系越来越规范，越来越多的农民将会具有越来越强的利益主体意识，他们作为独立的政治主体对农村政治的参与也将更多，并且他们的政治参与将会从目前的被动参与变成一种主动的、有意识的参与。而农民的政治参与，既可以保护他们自身的权利和利益，又可以锻炼他们的民主素质和政治能力，同时，又能对各级政府和公务人员进行有效的监督，能极大地促进中国农村民主政治的发展。

2. 提高新型高素质农民的民主平等和公平意识

在长期封建统治的影响下，中国严重缺乏民主传统，广大农民没有任何政治权利，他们始终处于被压迫、被奴役、被支配的地位。历史上农民只是臣服于国家专制统治的臣民，而绝不是现代意义上的拥有民主权利的公民。按马克思的说法，广大农民的这种生活方式，实际上“仅仅是一定等级（封建等级）的附属品的生活方式”。这种落后的生活方式及政治意识尽管已完全落后于时代发展步伐，但它却深深扎根于乡村社会的土壤中难以改变。加上守法观念的影响，农村中的民主意识和平等意识更是严重缺乏。相反，人伦等级、长幼尊卑观念在今日中国农村依然十分盛行。不改变农民的臣属观念、宗法等级观念等陈旧观念，农村的政治面貌就难以根本改变。因此，在今日农村，必须使农民彻底抛弃那些传统落后的封建观念，树立起民主、平等、公平意识。只有这样，广大农民才能培养起社会责任感和使命感，才能积极地参与国家和地方的社会公共事务，才能自觉地维护和行使自身的民主权利，也只有这样，广大农村地区才能真正呈现出一种民主、开放的新型政治面貌。

3. 提高新型高素质农民的社会主义、集体主义和爱国主义意识

中国是社会主义国家，社会主义制度的建立和发展为中国人民的幸福生活提供了根本的保障，为中国的现代化建设奠定了基础，广大农民群众是社会主义制度的切身受益者，他们也应对社会主义制度在中国建立的历史必然性、社会主义制度的优越性以及坚持社会主义制度的必要性等问题有深入的了解，只有这样，广大农民才能坚定走社会主义道路的信念，才能自觉地坚持四项基本原则。而有了广大农民的支持和拥护，社会主义旗帜就会在中国的大地上永远不倒，建设中国特色社会主义伟大事业就能获得广大民众的积极支持并不断地由胜利走向胜利。同时，广大农民还应自觉地克服那种只关注小家庭利益的陈旧思想和自私自利的落后心态，自觉地树立起识大体、顾大局的集体主义思想，正确地处理好国家、集体和个人之间的利益关系，自觉地履行缴粮纳税等各项应尽的公民义务，积极关心集体公益事业，为改变家乡落后面貌作出自己应有的贡献。此外，广大农民还应继续发扬爱国主义的优良传统，并赋之以新的时代内容，为保家卫国、建设中华尽心尽力。

4. 提高新型高素质农民的改革、开放和发展意识

社会主义国家不改革不开放就没有出路，这是中国社会主义建设的一条基本历史经验。广大农民也应该牢固地树立起改革、开放、发展的政治意识，不断地解放思想、更新观念、提高觉悟、破除教条思维与意识，确立起积极进取、改革变通、开拓创新、艰苦创业等正确观念，只要广大农民牢固地树立起这些现代观念和意识，中国的改革事业就会减少阻力，就会得到广大农民的积极拥护和支持，而农村的现代化建设事业也必将由于农民观念的革新而得以有力的推动。

第三节 高度的社会责任感

作为高素质农民，必须主动为国家、为社会、为家人担负起自己应尽的责任，真正成为乡村振兴的建设者。

一、认清责任，培养责任感

人无精神不立，国无精神不强。责任与担当的背后需要精神力量的支撑。农业是国计民生的基础，农民是一个特殊的群体，农村是一片广阔的天地。为追逐农业强、农民富、农村美的“三农”梦想，新型高素质农民应该具备强烈的主人翁责任感，具体涵盖以下内容。

1. 自我责任

农民的自我责任指的是每一个人对自身所负有的责任。自我责任需要有血有肉的生命体来实现，没有现实生命的存在，责任就落不到实处，因此，个人对生命的责任是至高无上的。我国古代儒家极其重视生命，所谓身体发肤受之父母，不敢损伤；道家也说“贵生养身”，损害身体是对自然躯体的破坏，是违反自然之道的行为。我们用现代的语言说就是珍惜生命、善待自己，首

先，要强健体魄，拥有健康是一切事业的基础；其次，要完善人格，健全心智才能履行个人义务和责任；再次，要提高修养，具备一定的科技文化素养和公民道德修养是个人参与一切群体活动的前提，也是投身新农村建设和农业现代化建设的基础。

当前，由于市场经济的冲击和错综复杂的社会矛盾，我国农民自我责任的缺失比较严重。

2. 家庭责任

家庭是指以一定婚姻关系、血缘关系或收养关系组合起来的社会生活的基本单元。家庭作为一个统一的单位在社会生活中出现，是社会生活的组织细胞。家庭是每个人人生的第一所学校，也是绝大多数人终身离不开的学校。对家庭的责任是一种特殊的亲情责任，这种责任绝大多数是一种没有利益或直接利益产生的责任，是为促进家庭的稳定、幸福以及家庭成员的成长、健康生活等而产生的责任。家庭责任的核心是爱和孝。爱和孝是家庭成员承担家庭责任的动力源泉，是中华民族的传统美德。家庭责任一般包含夫妻间的责任、教育抚育子女的责任、赡养老人的责任。

婚姻的直接产物是家庭。作为社会结构最基本的单元，家庭具有整个社会的全部属性。所以，夫妻间的基本责任是构成家庭、亲人责任的首要因素。夫妻间的基本责任包括：相爱、忠诚、互助。

婚姻的第二个产物就是子女。不管是什么原因，只要为人父母，教育和抚养子女就是应尽的责任，是不可推卸的重要的家庭责任。

赡养老人是家庭责任的重要组成部分，也是每一个公民的法定责任。在家庭责任中，抚养教育子女的责任和赡养老人的责任是紧密联系在一起的，没有前者就没有后者，这两个责任都是构成家庭稳定和社会和谐的基础。

3. 社会责任

古人云：天下兴亡，匹夫有责。新型高素质农民对社会的责任就是对社会负责，是作为社会的成员对他人、对社会应当承担的职责和义务，也是为保证自己能在社会中持续生存和发展而必须对社会的付出和担当。每个人的生存和发展离不开社会，个人只能存在于社会组织之中，每个人生存所需要的一切，只有通过社会才能取得。同时，社会的发展，是通过所有个人的集体努力而实现的，所有人的活动总和构成社会的整体状态。每个人都随时面临着怎样处理个人发展和社会进步、个人自由和社会秩序的关系问题。

在现实社会生活中，“服务人民，奉献社会”是个人承担对社会责任的客观表现。事实上，我们每一个人是通过“敬业乐业，创造价值”来实现对社会贡献的，这也是新型高素质农民实现对家庭责任的经济基础。

“尊重社会，传承文化”就是尊重被社会所认同的共同价值和行为规范。包括遵守社会的基本道德规范，树立民族自信心、自尊心和国家利益观念，自觉传承人类文明成果，自觉践行社会主义核心价值观，传承优秀的村规民约、家规家风，自觉维护国家尊严，保护和传承人类物质文明和精神文明遗产，这些行为都是在履行社会责任。

“保护环境”是对环境负责。农业生产离不开自然环境，农民更要认识到人永远是自然界的一部分。应尊重自然，按照规律保护环境、平衡生态、持续发展，科学安排生产和生活，构建和谐社会，推动经济、文化、生态和社会的繁荣进步。

二、爱国敬业，和谐家园

传统农民培训主要是传播农业实用技术，提升农民致富技能为主，新时期新农村建设下，随着农民生活水平的提高，更应该在爱国主义、道德水平，遵纪守法、人生观、价值观、家庭观上体现。根据以往培训案例主要从以下几个方面入手。

1. 开展爱国主义教育活动

通过学习、讲座等形式知道国歌的内容和国旗、国徽的含义，培养对国歌、国旗、国徽的崇敬感；了解中华民族的悠久历史、灿烂文化和我国各族人民对人类文明的卓越贡献，激发对祖国的热爱之情；了解中华民族自强不息、百折不挠的发展历程，特别是中国共产党领导全国人民反对外来侵略和压迫，争取民族独立和解放的精神与业绩，增强坚持党的领导的观念；了解改革开放以来，党和国家对农业发展采取的保护、扶持政策，及其对改善和提高广大农民的生活水平所起的巨大推动作用，帮助农民群众认识农业是国民经济的基础，认清农业现代化必须走社会化、集约化大生产之路，增强干部群众的集体观念，在坚持家庭联产承包责任制的同时，发展集体经济，走共同富裕的道路；了解国家法律赋予公民的权利和义务，正确处理好国家、集体和个人三者利益关系，自觉实行计划生育，应征服兵役，按时按质按量完成国家粮税任务，遵纪守法，勤劳致富；了解中华民族的传统美德，大力开展移风易俗活动，扫除封建迷信，摒弃野蛮、愚昧，自觉抵制黄、赌、毒，形成积极进取、文明向上的社会风气。

2. 培养敬业精神

有句话叫做“做好自己的小事情”。作为新型高素质农民，肩负着时代赋予的历史使命，更要以自己的事业为己任，艰苦创业，全身投入。敬业精神是一种基于挚爱基础上的对工作对事业全身心忘我投入的精神境界，其本质就是奉献的精神。具体地说，敬业精神就是在职业活动领域，树立主人翁责任感、事业心，追求崇高的职业理想；培养认真踏实、恪尽职守、精益求精的工作态度；力求干一行爱一行专一行，努力成为本行业的行家里手；摆脱单纯追求个人和小集团利益的狭隘眼界，具有积极向上的劳动态度和艰苦奋斗精神；保持高昂的工作热情和务实苦干的精神，把对社会的奉献和付出看做无上光荣；自觉抵制腐朽思想的侵蚀，以正确的人生观和价值观指导和调控职业行为。

三、能够担当，勇于担当

作为新时期的高素质农民，能够担当，就意味着是要有担当重任的能力。“勇于担当”的前提是要做到能够担当，这需要高素质农民必须不断学习、不断实践、不断总结。通过学习先进的管理思想、管理技能，运用战略思维、辩证思维、法治思维来解决问题。

敢于担当，就是要有负责担当的底气。树立正确的价值观、人生观，做到自重、自省、自警、自励；不断加强自身修养，不为物欲所惑，不为人情所扰；堂堂正正做人，老老实实做事。

第三章　增强法制意识

第一节　法律基本常识

一、《中华人民共和国宪法》

《中华人民共和国宪法》（以下称《宪法》）是国家的根本法，它规定了国家的根本制度和根本任务。具有最高的法律效力。

全国各族人民、一切国家机关和武装力量、各政党和各社会团体、各企业事业组织，都必须以宪法为根本的活动准则，并负有维护宪法尊严、保证宪法实施的职责。一切法律、行政法规、地方性法规都不得同宪法相抵触。制定法律、法规、地方性法规都必须以宪法为依据和基础。

我国现行宪法是 1982 年颁布实施的，也是新中国成立后的第四部宪法。1988 年、1993 年、1999 年、2004 年和 2018 年，全国人民代表大会又对这部宪法进行了 5 次补充修正。

二、《中华人民共和国劳动法》

我国《中华人民共和国劳动法》是指自 1995 年 1 月 1 日起开始施行的《中华人民共和国劳动法》（以下称《劳动法》）。根据 2009 年 8 月 27 日第十一届全国人民代表大会常务委员会第十次会议《关于修改部分法律的决定》第一次修正。根据 2018

年12月29日第十三届全国人民代表大会常务委员会第七次会议《关于修改〈中华人民共和国劳动法〉等七部法律的决定》第二次修正。

《劳动法》的内容包括劳动关系的各个方面，涉及就业、劳动合同、集体合同、工作时间和休息休假、工资、劳动安全性、女职工和未成年工特殊保护、职业培训、社会保险和福利、劳动争议处理等。

《劳动法》的适用范围主要包括在中华人民共和国境内的企业、个体经济组织和与之形成劳动关系的劳动者。“个体经济组织”是指雇工在7人以下的个体工商户。国家机关、事业组织、社会团体和与之建立劳动合同关系的劳动者。包括在上述单位中按规定应实行劳动合同制度的工勤人员，实行企业化管理的事业组织的人员，其他通过劳动合同与国家机关、事业组织、社会团体建立劳动关系的劳动者。中国境内的用人单位与劳动者之间，只要形成劳动关系，即劳动者事实上已成为企业、个体经济组织的成员，并为其提供有偿劳动的。农民工也是受《劳动法》保护以及成为用人单位的劳动者。

公务员和比照实行公务员制度的事业组织、社会团体的工作人员，以及农民、现役军人等不适用《劳动法》。

违反《劳动法》，形成危害事实，且有主观上的故意或过失，依法应当承担相应的法律责任。除了《劳动法》，《中华人民共和国就业促进法》《中华人民共和国劳动合同法》《中华人民共和国安全生产法》《中华人民共和国职业病防治法》《中华人民共和国劳动争议调解仲裁法》《中华人民共和国社会保险法》等，都有一章规定了相应的法律责任；《劳动保障监察条例》在法律责任一章，对各种违反劳动法律法规的行为，规定了更加具体的法律责任。

《劳动法》作为维护人权、体现人本关怀的一项基本法律，在西方甚至被称为“第二宪法”。一个人或许一辈子都不会接触到刑法、诉讼法等，但我们无时无刻不在《劳动法》的保护和约束之中。了解基本的《劳动法》知识是必要的、经济的和有效的。

三、《中华人民共和国劳动合同法》

劳动合同，又称劳动契约或劳动协议。《劳动法》第十六条规定：“劳动合同是劳动者与用人单位确立劳动关系、明确双方权利和义务的协议。”

劳动合同签订后，劳动者即成为用人单位的一员，担任一种职务或一定种类工作，完成工作（生产）任务，并遵守所在单位的劳动纪律和规章制度。用人单位则应及时安排劳动者工作，按照劳动的数量和质量支付劳动报酬。并提供符合劳动法规定和劳动合同约定的劳动条件及保险福利等待遇。

目前实施的《中华人民共和国劳动合同法》（以下称《劳动合同法》），是自2008年1月1日起施行的。2008年9月3日国务院第25次常务会议还通过了《中华人民共和国劳动合同法实施条例》，作为配套法规。2012年12月28日第十一届全国人民代表大会常务委员会第三十次会议《关于修改〈中华人民共和国劳动合同法〉的决定》修正，自2013年7月1日起施行。

《劳动合同法》中规定了劳动者、用人单位的主要权利和义务，劳动合同的形式、内容和期限，劳动合同的履行、变更与效力，劳动合同的解除、终止与经济补偿，劳务派遣与非全日制用工等。除有针对性地解决不签订劳动合同、签订短期劳动合同和无节制地大量使用劳务派遣工等问题外，还对劳动合同当事人权利义务做了一些新的规定。劳动合同当事人及相关主体一旦违反《劳动合同法》，将应承担的不利法律后果，主要包括行政责任、民事责任和刑事责任3种。

《劳动合同法》是确定我们劳动关系的重要法律依据，对此尤其应该认真学习。

四、《中华人民共和国劳动争议调解仲裁法》

《中华人民共和国劳动争议调解仲裁法》（以下称《劳动争议调解仲裁法》）是使劳动争议依照程序公正及时处理的专门性法律。它与《劳动法》《劳动合同法》等相互补充，形成具有我国的劳动争议处理法律制度。

劳动争议是指劳动关系当事人之间因享受劳动权利、履行劳动义务产生分歧而发生的争执。

劳动争议的特征包括3点：当事人一方为用人单位，另一方为劳动者；劳动者与用人单位存在劳动关系；争议必须与劳动权利和义务有关。

《劳动争议调解仲裁法》适用于：与劳动者签订劳动合同的企业、国家机关、事业单位、社会团体、民办非企业单位、企业化管理的事业单位及劳动者。劳务派遣和非全日制用工、个人承包经营用工、不具备合法经营资格用工的用工方与劳动者。

争议类型包括以下6类：因确认劳动关系发生的争议；因订立、履行、变更、解除和终止劳动合同发生的争议；因除名、辞退和辞职、离职发生的争议；因工作时间、休息休假、社会保险、福利、培训以及劳动保护发生的争议；因劳动报酬、工伤医疗费、经济补偿或者赔偿金等发生的争议；法律、法规规定的其他劳动争议。

劳动争议发生后，当事人可以通过协商、调解、仲裁和诉讼程序依法解决。

《劳动争议调解仲裁法》加大了对劳动者的保护力度。具体表现为：一是申请仲裁时效延长。将《劳动法》规定的60日仲裁申请时效调整为1年，为劳动者维护权益争取了时间。二是部分仲裁案件实行举证责任倒置。明确规定，与争议事项有关的证据属于用人单位掌握管理的，用人单位应当提供；用人单位不提供的，应当承担不利后果。三是劳动者可以申请支付令。该法规定："因支付拖欠劳动报酬、工伤医疗费、经济补偿或者赔偿金事项达成调解协议，用人单位在协议约定期限内不履行的，劳动者可以持调解协议书依法向人民法院申请支付令。人民法院应当依法发出支付令。"这为我们维权提供了又一条新途径。四是特殊案件先行裁决。即对部分事实清楚的案件先行作出裁决，防止劳动者基本生活无着，维护其合法权益。劳动者申请先予执行的，可以不提供担保，体现了法律对弱者的倾斜，有利于缓和劳动关系矛盾。五是仲裁不收费。这极大减轻了我们的经济负担，使我们敢于依法主张自己的权利。

五、《中华人民共和国社会保险法》

狭义的社会保险法指《中华人民共和国社会保险法》（以下称《社会保险法》），广义的社会保险法包括全国人大及其常委会、国务院、社会保险事务主管部门颁布的调整社会保险关系的所有法律、法规、规章及其他规范性文件。

社会保险包括养老保险、医疗保险、工伤保险、失业保险和生育保险。

养老保险：可以让劳动者在到国家规定的退休年龄或因年老丧失劳动能力情况下，从国家和社会得到经济收入、物质帮助和服务。我国养老保险制度由城镇职工基本养老制度、企业补充养老保险制度、农村居民养老保险制度和公职人员退休制度组成。

医疗保险：是国家可以补偿劳动者因疾病风险造成的经济损失。我国目前的基本医疗保险制度由城镇职工基本医疗保险制度、城镇居民基本医疗保险制度和农村居民新型农村合作医疗制度组成。

工伤保险：可以对在生产、工作中遭受意外伤害或患职业病导致暂时或永久性丧失劳动能力的劳动者，以及对职工死亡后无生活来源的近亲属给予物质帮助。工伤保险制度是社会保险制度的重要组成部分，具体可以再学习《工伤保险条例》等。

失业保险：指对有劳动能力并有劳动意愿的劳动者得不到劳动机会或就业后又失去工作而提供的一种保障。失业保险制度是国家对非本人意愿中断就业而失去生活来源的劳动者提供物质帮助和就业服务。我国现行失业保险制度的基本框架由1999年颁布的《失业保险条例》、2010年颁布的《社会保险法》等确立。

生育保险：是指国家或用人单位对职业妇女因生育而中断劳动期间给予必要生活保障和物质帮助。通过向生育职工提供医疗服务、产假和生育津贴等方面待遇，使她们因生育而暂时中断劳动时的基本经济收入和医疗需求得到保障。我国现行城镇职工生育保险制度框架主要由《女职工劳动保护特别规定》《企业职工生育保险试行办法》和《社会保险法》确立。农村生育保障制度建立的标志是2002年中共中央、国务院颁布的《关于进一步加强农村卫生工作的决定》。

六、《中华人民共和国婚姻法》

婚姻法是调整婚姻家庭关系的基本准则。它调整的范围既包括婚姻关系，又包括家庭关系；既有婚姻家庭关系的发生、变更和终止，也有婚姻家庭关系主体间的权利义务。

有关婚姻家庭的法律规范包括《中华人民共和国婚姻法》《中华人民共和国收养法》《中华人民共和国继承法》《婚姻登记条例》等。此外，我国的《宪法》《中华人民共和国妇女权益保障法》《中华人民共和国未成年人保护法》《中华人民共和国老年人权益保障法》《中华人民共和国民法通则》等法律、法规也规定有婚姻家庭关系方面的内容。

我国目前施行的《中华人民共和国婚姻法》（以下称《婚姻法》），是2001年4月28日修正的。这部婚姻法分6章，共51条，对我国公民的婚姻原则、结婚年龄、夫妻之间的权利与义务、父母与子女之间的关系，以及离婚原则、离婚后子女的抚养，救助措施等问题，都作了明确规定。

我国婚姻法的基本原则如下。

（1）婚姻自由。无论是结婚还是离婚，均不受任何人的强迫和干涉。

（2）一夫一妻。一个人只能有一个配偶，任何人，不论其地位高低、财产多少，都不得同时拥有两个或两个以上的配偶。任何已婚者，在其配偶死亡或者与配偶离婚以前，都不得再行结婚。

（3）男女平等。指男女在婚姻家庭中享有平等的权利，负担平等的义务。

（4）保护妇女、儿童和老人的合法权益。体现了法律保护弱者、昭示公平的特点。

（5）计划生育。实行计划生育是我国的一项国策，一对夫妻可生两个孩子。

七、《中华人民共和国农业法》

《中华人民共和国农业法》包括13章内容，即总则、农业生产经营体制、农业生产、农产品流通与加工、农业投入与支持保护、农业科技与农业教育、农民权益保护、农村经济发展、执法监督、附则。《中华人民共和国农业法》体现了“确保基础地位，增加农民收入”的总体精神，对保障农业在国民经济中的基础地位，发展农村社会主义市场经济，维护农业生产经营组织和农业劳动者的合法权益，促进农业的持续、稳定、协调发展，实现农业现代化，起到了重要的作用。

八、与农业相关的其他法律

1. 农业资源和环境保护法

农业资源和环境保护法包括《中华人民共和国土地管理法》《中华人民共和国森林法》《中华人民共和国草原法》《中华人民共和国渔业法》《中华人民共和国水法》《中华人民共和国水土保持法》《中华人民共和国水污染防治法》《中华人民共和国野生动物保护法》《中华人民共和国防沙治沙法》等法律，以及《基本农田保护条例》《草原防火条例》《中华人民共和国水产资源繁殖保护条例》《中华人民共和国野生植物保护条例》《森林采伐更新管理办法》《野生药材资源保护管理条例》《森林防火条例》《森林病虫害防治条例》《中华人民共和国陆生野生动物保护实施条例》等行政法规。

2. 促进农业科研成果和实用技术转化的法律

促进农业科研成果和实用技术转化的法律包括《中华人民共和国农业技术推广法》《中华人民共和国植物新品种保护条例》《中华人民共和国促进科技成果转化法》等法律及行政法规。

3. 保障农业生产安全方面的法律

保障农业生产安全方面的法律包括《中华人民共和国防洪法》《中华人民共和国气象法》《中华人民共和国动物防疫法》《中华人民共和国进出境动植物检疫法》等法律，以及《农业转基因生物安全管理条例》《水库大坝安全管理条例》《中华人民共和国防汛条例》《蓄滞洪区运用补偿暂行办法》等行政法规。

4. 保护和合理利用种质资源方面的法律

保护和合理利用种质资源方面的法律包括《中华人民共和国种子法》《种畜禽管理条例》《农药管理条例》《兽药管理条例》《饲料和饲料添加剂管理条例》等。

5. 规范农业生产经营方面的法律

规范农业生产经营方面的法律包括《中华人民共和国农村土地承包法》《中华人民共和国乡镇企业法》《中华人民共和国乡村集体所有制企业条例》《中华人民共和国农民专业合作社法》等。

6. 规范农产品流通和市场交易方面的法律

规范农产品流通和市场交易方面的法律包括《粮食收购条例》《棉花质量监督管理条例》《粮食购销违法行为处罚办法》等行政法规。

7. 保护农民合法权益的法律

为保护农民合法权益制定了《中华人民共和国村民委员会组织法》《中华人民共和国耕地占用税暂行条例》。

第二节　增强法制意识

乡村振兴能不能成功，农民法制意识的培养至关重要。法律取代传统，对农民进行法制教育势在必行。具体做法如下。

一、加强对农民的普法教育

普法教育“不仅是一个乡土社会的地方性知识扩充（量的意义）与更新（质的意义）的过程，更是一个乡土社会的地方性知识回应国家灌输的法治知识形成新的社会规则的过程。”首先，根据农村的实际情况，加大民事、行政法律法规的宣传教育。随着社会、经济的迅速发展，农民活动涉及民事、行政法律法规的逐渐增多，所以，对农民的普法教育要转变观念，不能不分重点，应该根据农村实际情况的变化，及时调整法律宣传的内容，以确保农民在人身、财产等各个方面的正当权益不受侵犯。其次，要加强对农村干部的法律培训，提高农村干部的法律意识，增强农村干部的法治观念。通过对农村干部的法律培训，使其增强依法解决农村热点、难点的问题意识，提高普法工作的效率。通过建立健全符合新农村发展的村民自治章程和各项村级事务管理制度，使农村各项事业逐步走上规范化、法治化轨道，从而使农民群众切身感受到依法治理的实际效果，更加支持农村各项法律制度的推进与完善，使新农村建设在村党组织的领导下充满活力。再次，要组织开展“送法下乡”等活动，深入到农民群众中传播法律知识。当然，“送法下乡”活动除了选择农民群众最喜爱、最容易接受的宣教方式，诸如广播喇叭、黑板报、宣传栏等，使农民群众在潜移默化中提升法律意识，在寓教于乐中增强法制观念以外，更需要让法律贴近农民生活的实际需要，也就是法律系统在追求自身合理性的同时，还应追求现实的合理性，即法律原则、程序及由此产生的结果，与现实社会的基本期望要达到一定的均衡或者一致。如果法律背离了具体的生活实际，背离了广大农民的实际需求，那么实现中国法制化的理想目标就是空中楼阁。当然，农村的普法教育要与农村的执法结合起来，要紧密结合农村的实际，让农民真正感觉到法律的震慑力和严肃性，而不是可有可无的游戏规则。总之，通过加强对农民的普法教育，使农民能正确地认识到法律在自己生活中的重要性，从而能够正确地运用法律，理性解决自己生产和生活中的各种矛盾。

二、提高农民的法律意识

法律意识是人们关于法律现象的思想观点、知识和心理的总称。一方面，意味着公民能够发自内心的认同和尊重国家宪法和法律的权威，并以之为自己行为的准则，自觉遵守法律；另一方面，还意味着公民能从平等的观念出发，要求他人和各类公共机关也遵守法律的共同约定，在法律的范围内行事。法律意识的具备表明一个公民在正确处理自身与社会关系上的成熟。对于农民来讲，具备法律意识不仅仅停留在对道德和法律知识的简单记忆与背诵的层面上，而是应该将其真正内化为自己遵循的准则，这是农村法制秩序得以建立的基础。但是，在一定程度上，我国广大农村仍旧是血缘、亲情基础上的社会，农村习惯经常取代国家法律成为处理纠纷的标准，有人把这种现象归结为血缘关系基础上的“熟人社会”特征。因此，培养和提高农民的法律自觉意识，而不是把自己仅仅看做是装载法律知识的容器，那么农民就能告别陋习和愚昧，形成科学理性的处事方式。新农村建设中，这不仅体现了农民群众的愿望和要求，符合农民的根本利益，而且还能使农民群众把对乡规民约的遵循与国家法律有机结合起来。

三、培养农民的法律习惯

农民法律习惯的缺乏不仅严重影响其法律意识的增强，而且影响其行为。事实上，农民往往依赖于各类权威的维权活动模式，而不选择现代法律裁决方式。司法在农民的纠纷解决方式中所占比例还较低，政府或人民调解员调解仍是农民解决纠纷的最主要方式。在新农村建设过程中，全面实行法治，将现代法律信仰、法治精神的培育作为重要环节，培养农民的法律习惯就成为重要的内容。培养农民的法律习惯，使农民借助法律制度维护权利、履行法定义务、实现自己的利益，是新农村建设中提高农民法律素质的重要任务。只有培养农民法律的习惯，农民才会变书本上的法为现实中的法，才会真正消除对农村法制的认知障碍，才会真正维护自己的合法权益，才会真正享受法律带来的实实在在的利益。当然，法律习惯的培养“不是依靠外在强制力的压制而形成的，它是一个自发的潜移默化的过程，或者说是在一系列日常社会活动、经验、感受之中而达到的皈依。”它必须在实际的法律运作过程中，在相关行为主体真切地感受到法律带给他们的实效，并对法律产生信任和依赖心理的过程中逐步成长起来，这是一个长期的、逐渐变化的过程。只有农民在其长期的日常生产生活中一直都能感受到法律所带给他们的利益和权利，而不是法律的朝令夕改或因人而异等经常出现不稳定的情况，人们才能在长期的信任和信赖的心理作用下逐渐产生健康的法律意识，进而自觉遵守法律规范和维护法律秩序，养成法律习惯。

第三节　熟悉支农政策

近年来，围绕实施乡村振兴战略，深入推进农业供给侧结构性改革，加快推进农业农村现代化，国家加大了支农投入。现对2019年农业农村部、财政部实施的重点支农政策介绍如下。

一、农业生产发展与流通

1. 耕地地力保护补贴

补贴对象原则上为拥有耕地承包权的种地农民。补贴资金通过“一卡（折）通”等形式直接兑现到户。各省（自治区、直辖市）继续按照《财政部、农业部关于全面推开农业“三项补贴”改革工作的通知》（财农〔2016〕26号）要求，并结合本地实际具体确定补贴对象、补贴方式、补贴标准，保持政策的连续性、稳定性，确保广大农民直接受益。鼓励各地创新方式方法，以绿色生态为导向，探索将补贴发放与耕地保护责任落实挂钩的机制，引导农民自觉提升耕地地力。

2. 农机购置补贴

各省（自治区、直辖市）在中央财政农机购置补贴机具种类范围内选取确定本省补贴机具品目，实行补贴范围内机具应补尽补，优先保证粮食等主要农产品生产所需机具和支持农业绿色发展机具的补贴需要，增加畜禽粪污资源化利用机具品目。对购买国内外农机产品一视同仁。补贴额依据同档产品上年市场销售均价测算，原则上测算比例不超过30%。

3. 优势特色主导产业发展

围绕区域优势特色主导产业，着力发展一批小而精的特色产业集聚区，示范引导一村一品、一镇一特、一县一业发展。选择地理特色鲜明、具有发展潜力、市场认可度高的200个地理标志农产品，开展保护提升。实施绿色循环优质高效特色农业促进项目，形成一批以绿色优质农产品生产、加工、流通、销售产业链为基础，集科技创新、休闲观光、种养结合的农业产业集群。承担任务的相关省份从中央财政下达预算中统筹安排予以支持。

4. 国家现代农业产业园

立足优势特色产业，聚力建设规模化种养基地为依托、产业化龙头企业带动、现代生产要素聚集、“生产+加工+科技”的现代农业产业集群。2019年继续创建一批国家现代农业产业园，择优认定一批国家现代农业产业园，着力改善产业园基础设施条件，提升公共服务能力。创建工作由各省（自治区、直辖市）负责，中央财政对符合创建条件的安排部分补助资金，通过农业农村部、财政部认定后，再视情况安排部分奖补资金。

5. 农业产业强镇示范

以乡土经济活跃、乡村产业特色明显的乡镇为载体，以产业融合发展为路径，培育乡土经济、乡村产业，规范壮大生产经营主体，创新农民利益联结共享机制，建设一批产业兴旺、经济繁荣、绿色美丽、宜业宜居的农业产业强镇。中央财政通过安排奖补资金予以支持。

6. 信息进村入户整省推进示范

2019年支持天津、河北、福建、山东、湖南、广西壮族自治区（全书简称广西）、云南等7个省（自治区、直辖市）开展示范。加快益农信息社建设运营，尽快修通修好覆盖农村、立足农业、服务农民的“信息高速公路”。信息进村入户采取市场化建设运营，中央财政给予一次性奖补。

7. 奶业振兴行动

重点支持制约奶业发展的优质饲草种植、家庭牧场和奶业合作社发展。加快发展草牧业，积极推进粮改饲，大力发展苜蓿、青贮玉米、燕麦草等优质饲草料生产，促进鲜奶产量增加、品质提升。将奶农发展家庭牧场、奶业合作社等纳入新型经营主体培育工程进行优先重点支持，支持建设优质奶源基地。承担任务的相关省份从中央财政下达预算中统筹安排予以支持。

8. 畜牧良种推广

在内蒙古自治区（全书简称内蒙古）、四川等8个主要草原牧区省区，对项目区内使用良种精液开展人工授精的肉牛养殖场（小区、户），以及存栏能繁母羊、牦牛能繁母牛养殖户进行补助。鼓励和支持推广应用优良种猪和精液，加快生猪品种改良。在黑龙江、江苏等10个蜂业主产省，实施蜂业质量提升行动，支持建设高效优质蜂产业发展示范区。承担任务的相关省份从中央财政下达预算中统筹安排予以支持。

9. 重点作物绿色高质高效行动

以重点县为单位，突出水稻、小麦、玉米三大谷物和大豆及油菜、花生等油料作物，集成推广“全环节”绿色高质高效技术模式，探索构建“全过程”社会化服务体系和“全产业链”生产模式，辐射带动“全县域”生产水平提升，增加绿色优质农产品供给。承担任务的相关省份从中央财政下达预算中统筹安排予以支持。

10. 农业生产社会化服务

支持农村集体经济组织、专业化农业服务组织、服务型农民合作社、供销社等具有一定能力、可提供有效稳定服务的主体，为从事粮棉油糖等重要农产品生产的农户提供农技推广、土地托管、代耕代种、统防统治、烘干收储等农业生产性服务。财政给予适当补助，降低农户的服务价格。

11. 农机深松整地

支持适宜地区开展农机深松整地作业，全国作业面积达到1.4亿亩以上，作业深度一般要求达到或超过25厘米，打破犁底层。承担任务的相关省份从中央财政下达预算中统筹安排予以支持。东北4省区及广西壮族自治区可根据农业生产实际需要，在适宜地区开展农机深翻（深耕）作业补助。

12. 耕地轮作休耕制度试点

2019年，中央财政支持轮作休耕试点面积为3 000万亩。其中，轮作试点2 500万亩，主要在东北冷凉区、北方农牧交错区、黄淮海地区和长江流域的大豆、花生、油菜产区实施；休耕试点500万亩，主要在地下水超采区、重金属污染区、西南石漠化区、西北生态严重退化地区实施。

13. 产粮大县奖励

对符合规定的常规产粮大县、超级产粮大县、产油大县、商品粮大省、制种大县、“优质粮食工程”实施省份给予奖励。常规产粮大县奖励资金作为一般性转移支付，由县级人民政府统筹安排；其他奖励资金按照有关规定用于扶持粮油产业发展。

14. 生猪（牛羊）调出大县奖励

包括生猪调出大县奖励、牛羊调出大县奖励和省级统筹奖励资金。生猪调出大县奖励资金和牛羊调出大县奖励资金，由县级人民政府统筹安排用于支持本县生猪（牛羊）生产流通和产业发展，省级统筹奖励资金由省级人民政府统筹安排用于支持本省（自治区、直辖市）生猪（牛羊）生产流通和产业发展。

15. 玉米、大豆和稻谷生产者补贴

在辽宁、吉林、黑龙江和内蒙古等省区实施玉米及大豆生产者补贴。中央财政将玉米、大豆生产者补贴拨付到省区，由地方政府制定具体的补贴实施办法，明确补贴标准、补贴对象、补贴依据等，并负责将补贴资金兑付给玉米、大豆生产者。为支持深化稻谷收储制度和价格形成机制改革，保障农民种粮收益基本稳定，国家继续对有关稻谷主产省份给予适当补贴支持。

二、农业资源保护利用

1. 草原生态保护补助奖励

在内蒙古、四川、云南、西藏自治区（全书简称西藏）、甘肃、宁夏回族自治区（全书简称宁夏）、青海、新疆维吾尔自治区（全书简称新疆）等8个省（自治区）和新疆生产建设兵团实施禁牧补助、草畜平衡奖励；在河北、山西、辽宁、吉林、黑龙江和黑龙江省农垦总局实施“一揽子”政策和绩效评价奖励，专项补奖资金可统筹用于国家牧区半牧区县草原生态保护建设，也可延续第一轮政策的好做法。

2. 渔业增殖放流

在流域性大江大湖、界江界河、资源退化严重海域等重点水域开展渔业增殖放流，促进恢复或增加渔业种群的数量，改善和优化水域的渔业种群结构，实现渔业可持续发展。

3. 渔业发展与船舶报废拆解更新补助

按照海洋捕捞强度与资源再生能力平衡协调发展的要求，支持渔民减船转产和人工鱼礁建设，促进渔业生态环境修复。为适应渔业发展现代化、专业化的新形势，在严控海洋捕捞渔船数和功率数“双控”指标、不增加捕捞强度的前提下，有计划升级改造选择性好、高效节能、安全环保的标准化捕捞渔船。同时，支持深水网箱推广、渔港航标等公共基础设施，改善渔业发展基础条件。

4. 长江流域重点水域禁捕补偿

中央财政采取一次性补助与过渡期补助相结合的方式，对长江流域重点水域禁捕工作给予支持，促进水生生物资源恢复和水域生态环境修复。其中，一次性补助由地方结合实际统筹用于收回渔民捕捞权和专用生产设备报废，直接发放到符合条件的退捕渔民。过渡期补助由各地统筹用于禁捕宣传动员、提前退捕奖励、加强执法管理、突发事件应急处置等与禁捕直接相关的工作。

5. 果菜茶有机肥替代化肥行动

选择重点县，支持农民和新型农业经营主体使用畜禽粪污资源化利用产生的有机肥，集中推广堆肥还田、商品有机肥施用、沼渣沼液还田、自然生草覆盖等技术模式，探索一批“果沼畜”“菜沼畜”“茶沼畜”等生产运营模式，促进果菜茶提质增效和资源循环利用。

6. 农作物秸秆综合利用试点

在全国范围内整县推进，坚持农用优先、多元利用，培育一批产业化利用主体，打造一批全量利用样板县。激发秸秆还田、离田、加工利用等各环节市场主体活力，探索可推广、可持续的秸秆综合利用技术路线、模式和机制。

7. 畜禽粪污资源化处理

支持畜牧大县开展畜禽粪污资源化利用工作，实现畜牧养殖大县粪污资源化利用整县治理全覆盖。按照政府支持、企业主体、市场化运作的原则，以就地就近用于农村能源和农用有机肥为主要利用方式，新（扩）建畜禽粪污收集、利用等处理设施，以及区域性粪污集中处理中心、大型沼气工程，实现规模养殖场全部实现粪污处理和资源化利用，形成农牧结合、种养循环发展的产业格局。

8. 地膜回收利用

在内蒙古、甘肃和新疆等省区支持100个县推进废旧地膜回收利用，鼓励其他地区自主开展探索。支持建立健全废旧地膜回收加工体系，建立经营主体上交、专业化组织回收、加工企业回收、以旧换新等多种方式的回收利用机制，并探索“谁生产、谁回收”的地膜生产者责任延伸制度。

9. 地下水超采综合治理

以河北省黑龙港流域为重点，以休耕为重点开展种植结构调整，推广水肥一体化、设施棚面集雨、测墒灌溉、抗旱节水品种等农艺节水措施，建立旱作雨养种植的半休耕制度。

10. 重金属污染耕地综合治理

以湖南省长株潭地区为重点，加强产地与产品重金属监测，推广VIP（品种替代、灌溉水源净化、pH值调节）等污染耕地安全利用技术模式，探索可复制、可推广的污染耕地安全利用模式。推行种植结构调整，实施耕地休耕试点。

三、农田建设

1. 高标准农田建设

2019年，按照“统一规划布局、统一建设标准、统一组织实施、统一验收考核、统一上图入库”5个统一的要求，在全国建设高标准农田8 000万亩以上，并向粮食生产功能区、重要农产品生产保护区倾斜。在建设内容上，按照《高标准农田建设通则》，以土地平整、土壤改良、农田水利、机耕道路、农田输配电设备等为重点，推进耕地“宜机化”改造，加强农业基础设施建设，提高农业综合生产能力，落实好“藏粮于地、藏粮于技”战略。

2. 东北黑土地保护利用

在辽宁、吉林、黑龙江和内蒙古4省（区）实施建立集中连片示范区，集中展示一批黑土地保护利用模式。支持开展控制黑土流失、增加土壤有机质含量、保水保肥、黑土养育、耕地质量监测评价等技术措施和工程措施。鼓励新型农业经营主体和社会化服务组织承担实施任务。

四、农业科技人才支撑

1. 农民合作社和家庭农场能力建设

支持县级以上农民专业合作社示范社及农民专业合作社联合社高质量发展，培育一大批规模适度的家庭农场。支持农民合作社和家庭农场建设清选包装、冷藏保鲜、烘干等产地初加工设施，开展“三品一标”、品牌建设等，提高产品质量安全水平和市场竞争力。

2. 农业信贷担保服务

重点服务家庭农场、农民合作社、农业社会化服务组织、小微农业企业等农业适度规模经营主体。充分发挥全国农业信贷担保体系作用，重点聚焦粮食生产、畜牧水产养殖、菜果茶等农林优势特色产业，农资、农机、农技等农业社会化服务，农田基础设施，以及农村一、二、三产业融合发展、精准扶贫项目，家庭休闲农业、观光农业等农村新业态。支持各地采取担保费补助、实施降费奖补政策，降低适度规模经营主体融资成本，解决农业经营主体融资难、融资贵的问题。

3. 新型高素质农民培育

以农业职业经理人、现代青年农场主、农村实用人才带头人、新型农业经营主体骨干、农业产业扶贫对象作为重点培育对象，提升其生产技能和经营管理水平。支持有能力的农民合作社、专业技术协会、农业龙头企业等主体承担培训工作。

4. 基层农技推广体系改革与建设

支持实施意愿高、完成任务好的农业县承担体系改革建设任务，强化乡镇为农服务体系建设，提升基层农技人员服务能力和水平，推广应用一批符合优质安全、节本增效、绿色发展的重大技术模式。在贫困地区全面实施农技推广服务特聘计划，从农业乡土专家、种养能手、新型农业经营主体技术骨干、科研教学单位一线服务人员中招募一批特聘农技员，为产业扶贫提供有力支撑。

五、农业防灾减灾

1. 农业生产救灾

中央财政对各地农业重大自然灾害及生物灾害的预防控制、应急救灾和灾后恢复生产工作给予适当补助。支持范围包括农业重大自然灾害预防及生物灾害防控所需的物资材料补助，恢复农业生产措施所需的物资材料补助，灾后死亡动物无害化处理费，牧区抗灾保畜所需的储草棚（库）、牲畜暖棚和应急调运饲草料补助等。

2. 动物疫病防控

中央财政对动物疫病强制免疫、强制扑杀和养殖环节无害化处理工作给予补助。强制免疫补助经费主要用于开展口蹄疫、高致病性禽流感、小反刍兽疫、布病、包虫病等动物强制免疫疫苗（驱虫药物）采购、储存、注射（投喂）以及免疫效果监测评价、人员防护等相关防控工作，以及对实施和购买动物防疫服务等予以补助。国家在预防、控制和扑灭动物疫病过程中，对被强制扑杀动物的所有者给予补偿，补助经费由中央财政和地方财政共同承担。国家对养殖环节病死猪无害化处理予以支持，由各地根据有关要求，结合当地实际，完善无害化处理补助政策，切实做好养殖环节无害化处理工作。

3. 农业保险保费补贴

在地方财政自主开展、自愿承担一定补贴比例基础上，中央财政对水稻、小麦、玉米、棉花、马铃薯、油料作物、糖料作物、能繁母猪、奶牛、育肥猪、森林、青稞、牦牛、藏系羊和天然橡胶，以及水稻、小麦、玉米制种保险给予保费补贴支持，农民自缴保费比例一般不超过20%。继续开展并扩大农业大灾保险试点，保障水平覆盖“直接物化成本+地租”，保障对象覆盖试点地区的适度规模经营主体和小农户；在内蒙古、辽宁、安徽、山东、河南、湖北等6个省（自治区）各选择4个产粮大县继续开展三大粮食作物完全成本保险和收入保险试点，保障水平覆盖“直接物化成本+地租+劳动力成本”；中央财政启动对地方优势特色农产品保险实施奖补试点。

六、乡村建设

1. 农村人居环境整治整体推进

贯彻落实《农村人居环境整治三年行动方案》，重点支持中西部地区以县为单位整县推进农村人居环境整治工作，推进农村生活垃圾、生活污水、厕所粪污治理和村容村貌提升等任务，加快补齐农村人居环境基础设施建设短板。

2. 农村人居环境整治先进县奖励

贯彻落实《农村人居环境整治三年行动方案》和《国务院办公厅关于对真抓实干成效明显地方进一步加大激励支持力度的通知》（国办发〔2018〕117号）精神，按照《农村人居环境整治激励措施实施办法》对各省开展农村人居环境整治工作进行评价，确定拟推荐激励市县名单。中央财政在分配年度农村综合改革转移支付资金时，对农村人居环境整治成效明显的县予以适当倾斜支持。

3. 农村“厕所革命”整村推进

中央财政安排专项奖补资金，支持和引导各地以行政村为单元，整体规划设计，整体组织发动，同步实施户厕改造、公共设施配套建设，并建立健全后期管护机制。奖补行政村卫生厕所普及率原则上应达到 85% 以上。奖补资金主要支持粪污收集、储存、运输、资源化利用等设施建设和后续管护能力提升，兼顾户厕改造。奖补标准、方式等由各地结合实际确定。

第四章　提高文化素质

第一节　文化素质的内涵

一、文化素质的概念

文化素质一般指人们在文化方面所具有的较为稳定的、内在的基本品质，表明人们在这些知识及与之相适应的能力行为、情感等综合发展的质量、水平和个性特点。

本章节所述文化素质更多的是指农民掌握的与农业相关的知识，包括耕种、养殖、经营、管理等方面的知识，这些知识通过语言或文字的表达体现出来、通过举手投足反映出来的综合气质或整体素质。当今的时代是知识经济时代，更需要文化素质的提高，而现阶段农民队伍整体受制于文化素质的影响，不利于新技术、新观念的学习和推广。要推进现代化农业与社会主义新农村建设，必须提高新型高素质农民的整体文化素质。

从受教育程度看，2018 年高素质农民队伍中高中及以上文化程度的占 31.1%，比第三次全国农业普查农业生产经营人员高出 22.8%。这说明，高素质农民队伍质量结构不断优化。

二、文化素质的具体要求

1. 受教育程度的要求

(1) 高素质农民必须接受良好的中等教育或高等教育。一个人的文化素养高低一般由其文化基础的高低决定。文化基础一般由其受教育程度来衡量。相对来说，一个人的学历越高，其文化基础相应也越好。对于高素质农民来说，“有文化”是最基本的素养要求，文化基础决定其接受和消化科学信息的能力，决定其不断发展和提升的能力。因此，对高素质农民来说，具备最基本的文化基础要求是必需的。在高素质农民培育课题的相关研究和实践中，人们普遍认为高素质农民必须接受良好的中等或高等教育。对于大多数未来劳动力来说，接受良好的中等或高等教育（至少是中等教育），具备与所从事职业相适应的文化知识水平，除相对偏远和贫困地区外，这对于我国目前的农村教育条件来说，总体上都可以实现。

(2) 不断提高农村公民受教育的程度和范围。通过发展农村教育，来提高农民受教育的程度和范围，从而提高农民的科学素养。首先要加大对农村教育的财政投人，促进教育基础设施建设，高质量普及 9 年义务教育，使绝大多数农村居民完成正规的义务教育。在此基础上，有较多人完成高中段教育，为未来农民储备了必需的科学文化基础。在经济欠发达地区，要重视和发展中等职业教育，使更多的农村居民接受职业技术和职业能力教育。

大力开展农民文化培训，积极调动社会资源，开展丰富多彩的科技活动，提高农村劳动者的科学素养，提升农民学习科学知识的积极性，形成农民热爱科学的良好氛围。

高素质农民应当喜欢学习、善于学习，懂得学习的方法、养成良好的学习习惯，通过不断吸收新的知识，获得新的发展动力。

2. 人文素养养成的要求

文化是人类在长期发展过程中创造出来的精神财富和物质财富的总和，包括艺术、文学、自然科学、人生观、世界观、方法论等意识形态和非意识形态。公民文化素养是人在精神领域的创造物，包括科学素养、道德伦理素养、人文素养、宗教文化素养、文学艺术素养等。

人文素养是一个人所具备的最基本的素养，影响个人的发展方向和价值观的确立。人文素养主要指：在注重以人为中心的文化理念当中，注重突出有关人的个人理想、内心信念、正确的价值观、审美观、文化品质、自我创造能力、创新精神等。

对于高素质农民来说，就是要把人文素养的基本要素内化为自身素养，从而成为具有丰富的人文情怀、高品质的人格修养、高尚的情操和崇高的道德责任感的新型高素质农民。

三、影响农民文化素质的因素

导致农民文化素质偏低的因素，有内在的主观原因，也有外在的客观原因。

1. 内在主观因素分析

农民是提升科学素质的主体，是农业科学技术的接受者和最终使用者，来自农民自身的因素对其提升起着至关重要的引导作用。其思想观念与行动直接影响着学习运用科学知识的意愿和农技推广工作的时效，内在的主观原因无疑是决定农民科技文化素质的主要因素，表现如下。

(1) 受教育程度偏低。据有关数据统计，当前农民受教育程度大部分处于初中和初中水平以下，他们对于新农业科技知识与技术了解较少，学习接受能力差，实践运用能力低。这是制约农民科学素质的关键因素。

（2）受小农经济思想牵制，观念老化。随着经济体制的改革，小农经济已经解体，但农民受以前“自给自足”思想的影响，固守陈规、安于现状，不愿意去接受外部新的事物，不关心外部世界的变化和发展，没有从根本上转变小农经济的思想意识。

2. 外在客观因素分析

农民科技素质的高低，与其生活、生产环境密切相关。目前，影响农民群体科技素质的外部因素主要表现如下。

（1）缺乏基础设施。农村可以说是社会发展最落后的地方，相对于城镇来说，农村科技知识资源的来源渠道少，缺乏相关的书报杂志、缺少方便快捷的网络信息平台、缺乏学习交流的必要场合，这些在很大程度上都是造成农民科技素质偏低的客观原因。

（2）政府重视力度不够。受城乡二元制模式的影响，农村的发展远远落后于城镇。农民都存在这样一种思想——读书走出农村、跳出农门，大量优秀人才从农村流失，农村出现一种“逆淘汰”的现象，而科技文化素质和能力偏低的人及老、弱、妇、幼却被留在了农村，导致了农民群体的科技素质低下。

第二节　农业生产基本常识

一、农业生产特点

农业是人类利用生物（包括植物、动物、微生物）的生长发育规律，通过人工培育来获得产品的生产部门。农业的生产对象是生物有机体，它们均有各自的生命机制。农业生产过程是人类对生物的控制过程与生物生命过程的统一。在农业生产中，作为人类劳动过程的农产品生产过程，同时，又是动植物有机体的生长发育繁殖并吸收、凝结太阳能的自然再生产过程。农业生产的目的是取得人类最基本的物质生活资料。农业区别于其他生产部门并作为国民经济的基础，就在于它是人类基本生活资料的主要来源。农业的根本特点是经济再生产和自然再生产的相互交织。所谓农业的经济再生产，是指人类控制、强化农业生产生物生命的周期性变换和农业生产关系的再生产，是农业物质资料再生产和农业生产关系再生产的统一。所谓农业的自然再生产，是指农业生物有机体自身生命的周期性变换。所谓两类再生产的交织，是农业生物本身的生命过程与人类劳动过程的交错和统一。在农业的这两类再生产的相互关系上，经济再生产必须以自然再生产作为基础和依托。

农业生产过程对自然过程、自然环境与自然因素具有强烈的依赖性，反过来，农业生产对自然环境和因素也具有反作用，例如，耕作可能会破坏生态环境等。因此，农业生产必须把经济再生产与自然再生产结合起来。

农业具有经济再生产与自然再生产相互交织的根本特点，派生了农业生产的一系列具体特点。

1. 土地的不可替代性

在国民经济的其他部门，土地是当做劳动的场所，而在农业生产中，土地则有其特殊性。不但是农业的劳动场所，而且是农作物生长的基地。因此，土地既是劳动对象，又是不可代替的生产资料。土地以自身的物理、化学、生物学特性，为动植物的生长发育提供必需的水分、养分等，直接参与农产品的形成。和其他部门不同，农业必须在广阔的土地上进行，因为只有增加接受太阳光照射面积，才能更多地吸收和凝集太阳能。但土地面积有限。不能创造出比原来更多的土地。因此，珍惜和保护土地资源，科学利用与合理开发土地资源，是相对扩大土地面积的唯一途径。

2. 地域性

农业生产在很大程度上受土地位置和外界环境的影响而带有地域性。首先，对于生物因素来讲，都各有其特有的生命机制，有对外界环境不同的要求。其次，对于环境因素来讲，各地区的土、光、温、水、气、热等都不尽相同，并且各地的科技水平、经营管理水平和交通运输条件等也都存在差别。再次，从土地位置来看，土地的位置不同，又不能移动，而且和当地的气候相结合，由此带来地域上的差别。所以，不同的地区、同样的劳动消耗，将会产生不同的农业劳动成果。这就导致了农业的社会分工表现为地域上的分工。农业生产的这个特点，要求我们因地制宜地进行生产布局，建立合理的农业生产结构，扬长避短，发挥优势，以取得最好的经济效益。

3. 季节性

农业生产中的劳动时间和生产时间有明显的差别，因而使农业生产具有强烈的季节性。每种生物的生长时间长短，主要是由生物本身的特点决定的，同时，也受季节、气候和自然条件等因素的影响。在整个生产期间内，较长的时间是动植物的自然生长，并不需要人们不断地投入劳动。因此，生产时间要比劳动时间长得多。农业生产的这一特点，一方面要求人们按生物本身的需要，不违农时地进行农事活动；另一方面又要求我们合理组织生产活动，开展多种经营，使农业内部各业全面发展。同时，还要注意均衡地使用人力、财力和物力。

4. 农产品的双重性

农产品具有消费资料和生产资料的双重性质。农产品，一方面可以作为消费资料进入消费领域；另一方面，它可以作为生产部门再生产所需的生产资料进入生产领域。农产品质量的高低，不仅直接关系到人们的健康和生活水平，也关系到有关生产部门的经济效益。

5. 不稳定性

农业生产的生产周期长，受自然条件的影响较大，容易造成生产的不稳定。因此，在农业生产中，既要从农业自然条件的实际情况出发，又要不断提高人们利用自然、改造自然和抑制自然的能力。

二、土壤耕作知识

（一）土壤的基本组成

土壤是由固体、液体和气体三相物质组成的疏松多孔体，固相物质包括土壤的矿物质、有机质和生活在土壤中的生物，占土壤总体积的50%左右；在固体物质之间存在着大小不同的孔隙，占据土壤总体积的另一半，孔隙里充满着空气和水分，两者互为消长，水多气少，水少则气多。

1. 土壤矿物质

土壤矿物质是土壤中所有固态无机物质的总和，它全部来源于岩石矿物的风化。按其来源和成因，可分为两类，即原生矿物和次生矿物。

（1）原生矿物。原生矿物是指岩石中原来就有的，在风化过程中，没有改变成分和结构，只是遭到机械破坏而遗留下来的矿物，如石英、长石、云母、角闪石、橄榄石等。土壤中的原生矿物主要存在于沙粒、粉沙粒等较粗的土粒中。

（2）次生矿物。次生矿物是指原生矿物在风化作用过程中，经过一系列地化学变化后所形成的新矿物。土壤的黏粒主要是由次生矿物组成，因此，也称黏粒矿物。

次生矿物大体可分为两大类：一类铝硅酸盐类黏粒矿物，主要有高岭石、蒙脱石、伊利石；另一类是氧化物黏粒矿物，主要包括水化程度不同的铁和铝的氧化物及硅的水化氧化物，如三水铝石、针铁矿、褐铁矿等。

2. 土壤生物

土壤中生活着各种各样的生物，有动物、植物和微生物。土壤动物种类繁多，如蚯蚓、蚂蚁和昆虫等；土壤植物主要指其地下部分，包括植物根系和地下块茎等；土壤微生物具有个体小、数量大、种类多的特点，其种类根据形态可分为细菌、放线菌、真菌和原生动物等；根据需氧状况可分为好气性、嫌（厌）气性和兼气性；根据营养特点可分为自养型和异养型。

一般来说，土壤生物量越大，土壤越肥沃。通常土壤中微生物的生物量显著高于动物的生物量，所以，土壤中微生物发挥着更重要的作用。

（二）土壤管理

1. 用地选择

苗圃是培育苗木的场所，苗圃地的好坏直接影响到所育苗木的产量和质量。苗木苗圃用地所需要的条件通常有以下几个方面。

（1）苗圃的位置。首先要选择交通便利，靠近铁路、公路或水路的地方，以便于苗木和生产物资的运输。其次，苗圃地应设立在苗木需求中心，这样可以减少运输过程中苗木失水而导致的苗木质量降低。另外，还应该注意尽量远离污染源。

（2）地形地势。苗圃地应该选择背向向阳、排水良好、地势平坦的开阔地带，其坡度一般不应超过3°，坡度过大容易造成水土流失，使土壤肥力下降。

（3）土壤。苗圃地土壤好坏直接影响着苗木的营养条件。选址要具有长期观念。根据作物生长周期的需要，选择深厚、肥沃和具有水浇条件的土壤，而荒地、板结、漏肥漏水或盐碱含量过重的土壤不宜选用。

苗木适宜生长于具有一定的肥力的沙质壤土或轻黏质土壤中。过于黏重的土壤通气性和排水都不良，有碍其根系的生长，且雨后容易板结，过于干旱易龟裂，不仅耕作困难，而且冬季苗木冻拔现象严重；过于沙质的土壤疏松，肥力低，保水力差，夏季表土高温易灼伤幼苗，移植大土球菌时土球易松散。

土壤的酸碱度对苗木的生长影响很大，不同树种对酸碱度的适应范围不同，在培育苗木时必须考虑树种适生的 pH 值范围。一般针叶树种苗木适宜的 pH 值在 5~7；阔叶树种苗木适宜的 pH 值在 6~8。

2. 土壤耕作

耕地作为一种农事活动又称为整地，是土壤耕作的主要环节。

（1）耕地深度。耕地的深度对耕地的各项效果有直接的影响。一般播种育苗，播种区的耕地深度以 20~25 厘米为宜；扦插苗、移栽苗因根系的分布较深，耕地深度以 25~35 厘米为宜。耕地的深度还要考虑气候和土壤条件，在气候干旱的条件下宜深，在湿润的条件下可浅些；土壤较黏的圃地宜深，沙土宜浅；秋耕宜深，春耕宜浅。

（2）耕地时间和季节。耕地一般在春、秋两季进行。土壤持水量在 40%~60%时为耕地最适宜时间。因为，此时土壤可塑性、凝聚力、黏着力和阻力最小。土壤经深耕以后，若过于松散，其毛细管作用被破坏，根系吸水就困难，所以，耕后必须适度镇压土壤。

3. 覆盖保墒

为了保蓄土壤水分，减少灌溉量，同时，也防止水分蒸发引起的土壤板结，因此，有必要采取覆盖措施。播种后用稻草等覆盖物进行覆盖，能保持土壤水分，防止板结，促使种子发芽整齐。尤其在北方地区，对于小粒种子的树种，除了灌足底水外，播后均应进行覆盖，以利出苗。

覆盖应就地取材，以经济实惠为原则。要注意不能引来病虫害，不妨碍灌水时水分渗入土壤；质量较轻，不会压坏幼苗又便于运输。一般只要稀疏地覆上一层覆盖物，使土面似见非见，就可起到良好的保墒作用。在种子发芽时，应注意及时撤除覆盖物，并进行松土，以保证苗床中的水分。

现用的覆盖材料有塑料薄膜、秸秆、稻草、苔藓、树木枝条以及腐殖质土和泥炭等。

4. 中耕除草

中耕除草可以疏松表层的土壤，减少土壤水分的蒸发，增加土壤的保水蓄水能力，促进土壤空气流通，提高土壤中有效养分的利用率，从而促进苗木根系的生长。

中耕除草，该工作主要集中于苗木生长的前期。松土，一般结合除草，在降水和灌溉后及土壤板结的情况下进行。松土，一般每年 4~6 次，灌溉条件差应增加次数。松土深度以不伤苗木根系为原则。其方法如下。

（1）一般而言，针叶树苗，小苗宜浅；阔叶树苗，大苗宜深；株间宜浅，行间宜深。出苗初期，一般松土、盖土，以增强苗木的抗逆力。

（2）撒播苗及条播苗等，应在雨后旱前及灌溉、间苗、施肥、拔草等作业后，结合清沟，及时进行松土、盖土，以增强苗木的抗逆力。

一年中的深中耕通常结合施用基肥进行，以利于根系生长和树势恢复。

5. 合理灌溉

调节水分是播种管理的关键。土壤中有机物的分解，苗木对营养的吸收等都与土壤的水分有关。特别是在幼苗期，苗木对水分的要求极其严格，略有缺水即容易发生萎蔫现象，水分过多则易发生烂根，所以，灌溉时要注意以下两个方面。

（1）土壤水分要适宜，过多过少都会影响苗木的生长发育。

（2）灌溉的时间、数量及次数，应根据不同树种的特性、苗木的生长期、土壤特点和气候条件等具体情况而确定。

常用的灌溉方法有地面灌溉、喷灌和滴管3种。

三、农业机械使用常识

（一）掌握识别优劣农业机械的知识

农业机械销售员只有掌握了识别优劣农业机械的知识，才能做好农业机械销售工作。这里介绍一些在购买农业机械时应该注意的事项和简单的识别方法。

1. 购买实行“三包”的农业机械

为了保护使用者的利益，农机行业管理部门一般对农业机械产品都要求实行“三包”制度（包修、包换、包退），即购买的农业机械产品质量不合格时，可以更换或退货，购买后在包修期内损坏予以免费修理，属于使用者责任应付更换零部件的费用。所以，购买农业机械要到正规的农业机械销售地方去买，不能图便宜买个人推销的产品，以免出现产品质量问题后无法处理。不能购买那些无生产厂家名称地址、无铭牌标志、无合格证明的三无产品。

2. 购买有说明资料的农机产品

农业机械合格产品一般都附带有文字资料。其中，包括产品的构造、工作原理、使用保养说明书，生产厂家产品检验鉴定资格证明，产品的三包承诺文字资料等。这些资料是将来使用操作农业机械和因产品质量产生损坏时处理的有力依据。说明资料不能可有可无。有些农业机械还应提供1~2年内经常容易磨损损坏的易损件，以及在保养、安装、修理过程中的特殊专用工具。

3. 凭实际经验分辨

在衡量农业机械产品质量时，从外部观察也可以看出产品的质量好坏。对农业机械的一般要求如下。

(1) 整台农业机械没有变形，一般从垂直和水平两个角度用肉眼观察产品的各部分。

(2) 各处零部件完整无缺。

(3) 产品的涂漆部分不能有缺漆的地方，铁质材料的底漆必须用防锈漆。

(4) 埋头螺钉和沉头螺钉应与固定零件的平面齐平，如果不妨碍正常工作，允许有少量凸出。

(5) 非调整性的螺钉或螺杆应用油浸后拧紧，螺杆有螺纹一端露出螺母平面的外边至少有 2 个螺扣，但不能超过 10 毫米。

(6) 所有非调整螺钉、螺栓、螺母都应确定拧紧，并按规定的锁紧办法（锁定螺母、开口销、铁丝、垫圈等）锁紧。

(7) 不能用铁丝或铁钉代替开口销使用。

(8) 装有燃油、润滑油、药液、水等液体的容器、管道、接头等处严密，不能有渗透、泄漏的地方；气动装置的容器、管道、接头等处不能漏气。

(9) 农业机械的所有调整、润滑部分确切可靠。

(10) 农业机械的所有转动、传动和操纵装置运转灵活，无卡滞的地方。

4. 购买有安全防护装置的农业机械

一般在机械传动、转动的地方，如皮带、链条、齿轮、旋转轴、万向接头等地方，为了防止使用者的衣物被缠绞进去，都应安装防护罩。在切削、打击部位，如铡草机的切刀、粉碎机的锤片、物料喂入口，必须有能阻止使用者操作不慎时对手臂随物料喂入的安全挡板和快速停机装置。一些压力容器，为防止超过工作压力后发生爆炸，必须装有安全阀门，使之能在超过一定压力时自动卸压排放。

5. 重点检查主要零部件

不同种类型号的农业机械都有不同的关键零部件，它们的质量好坏，对全机的工作性能起着决定性作用，在购买农业机械时要作重点检查。例如，对于耕地、整地、播种、收获等农业机械，犁铧、犁刀、耙片、开沟器、切割器等就是其关键零部件，一般都要求用规定的材质制造，而且需要经过热处理加工，有一定的硬度、韧性和耐磨性。经过热处理的零件不能有变形或裂纹，用金属物敲击时，没有闷哑破裂的声音。切削刀具的刃口应锋利，厚度在规定的要求范围内，如犁铧的刃厚不大于 1 毫米；圆犁刀的刃厚为 0.3~1.0 毫米；直径小于 560 毫米的圆盘耙片，刃厚应为 0.3~0.8 毫米；收割机的刀片，光刀刀片刃口厚度不大于 0.1 毫米，齿纹刀片刃口厚度不大于 0.15 毫米。

对于一般零件的检查，要注意木制零件和橡胶制品是否老化，老化的橡胶制品丧失应有的弹性并出现碎小的龟形裂纹；金属零件要注意它的加工质量、表面光洁度以及与其相关零件的配合等状况。

6. 购买时当场试验

直观检查只是看到农业机械的外表部分质量，许多零部件的质量好坏只有通过试验、使用才能发现，因此，在选购农业机械时，能够当场试验的就要当场试验检查。其试验方法与检查部位因不同农业机械而不同。一般动力机械，应通过试验了解它的启动性能（是否容易、方便）、工作性能（可用声音和排气状态鉴别）等。机动喷雾机，应通过试验了解它的液泵（能否达到规定压力）、安全阀（超过工作压力时打开）、管道与接头（是否有泄漏）等工作状况。对于高速旋转的农业机械，要特别注意它的动平衡情况，机械正常运转时应平稳，无异常的摩擦、撞击声音，无周期性的振动。同时，运转后的农业机械，要检查轴承等处有无过热的地方。

（二）农业机械的选购

农业机械的种类很多，有一般田间作业的耕地、整地、播种、收获、水利工程、排灌、植物保护、农副产品加工等机械，也有各种经济作物的特殊用途机械，每种机械又有不同的型号、规格、标准。怎样才能恰当地选购你所需要的农业机械呢？这里不便逐个介绍，综合起来考虑应该注意以下几个方面。

1. 了解农机的性能

一般购买农业机械的农民都有使用过这种或那种农业机械的经历，具有一定程度的机械常识，要买一种新的农业机械时，必须知道这种农业机械的构造、工作原理、使用操作特点和保养、保管方法。因此，首先要教给农民看懂该机械的说明书，然后再对照实物观察检验。只有确实地熟悉掌握了该机械的情况，才能和同类型的农业机械比较、选择。

2. 正确选择农机型号

选择型号主要是使机械的性能满足生产中的需要。例如，购买抽水灌溉的水泵时，水泵必须满足工作中的扬程（米）和流量（吨/小时）的需求。扬程不够抽不上水，水量不足达不到生产需要，在符合扬程和水量的范围内，再根据当地的水源情况、动力配套、经济效果等方面，确定用离心泵还是轴流泵、混流泵、潜水电泵或者是深井电泵。在购买耕地机械时，一般地区可以购买普通铧式犁；如果小块坡地作业，最好买可以两面翻土的双向铧式犁。它比普通一面翻土的铧式犁使用方便、作业质量好；如果是在菜园地使用，则买旋耕机更实用些。

3. 要与动力机配套

主要是指动力机的功率和转速要满足配套机械的需要。功率是做功的能力，常用千瓦（kW）表示；转速是动力机动轴的旋转速度，常用转/分（r/min）表示。一般小型动力机的功率，电动机应为配套农业机械所需功率的1.05~1.3倍，内燃机应为配套农业机械所需功率的1.3~1.5倍，过大则大马拉小车浪费能量，过小则带不动或超负荷损坏动力机。转速相同时，配套农业机械可以直接安装使用；转速不一致时，为满足使用要求，必须改装传动设备，这要增加许多费用。

如果事先已经买过一些动力设备，就应该充分发挥已有动力机的作用，在购买新的农业机械时，要尽量考虑能够与原有动力机配套。除特殊需要外，一般不要每种机械都单独配一种动力机，这样花费成本太高，管理也不方便。在固定机组中，电动机可以在发挥75%～100%的额定功率范围内通用；具有全制式调整器的柴油机，可以在它调整范围内降低转速和功率使用。对于拖拉机，如果已经有四轮拖拉机，就应该尽量购买悬挂农具配套，没有悬挂农具可以买牵引农具；如果是手扶拖拉机，则只能买与手扶拖拉机配套的农业机械。

4. 农机使用性能好

农业机械不仅在生产季节天天用、时刻不离手，而且还接连使用许多年，所以，操作是否方便，安装、保养以及更换备件是否容易，都是要考虑的。否则，干起活来蹩手蹩脚，使用者容易劳累，影响工作效率，也容易产生事故。例如，使用有液压装置的悬挂犁和牵引式犁同样耕地作业时，前者较后者少用一个农具手，避免了地头起落犁的紧张配合作业，而且地头转弯和悬空行程也大大减少。

5. 产品质量合格

产品质量直接关系到农业机械的工作可靠程度和使用寿命。随着当前农业发展对农业机械产品的大量需求，也出现了一些粗制滥造的产品，给使用者带来不应有的损失，不仅损坏机械，而且会造成人身伤亡。所以，在选购农业机械时，应购买已经鉴定定型（部或省、市级）的产品，特别是那些经过评选的获奖产品，不要购买未经任何部门鉴定定型的产品。

6. 零配件供应有保障

任何机械在使用过程中都会出现正常的磨损，也可能因为意外的事故而损坏，有些是需要经常修理更换的易损零件。因此，在购买农业机械时，要了解当地对该型农业机械的修理能力和零件、配件的供应情况，不要买那些没有零件、配件供应保障，又无法修理的农业机械。一般应该优先购买本省、本地区生产的定型产品。

（三）农业机械的保养

在不同的保管条件下，金属机械零件的损失程度是有很大差别的，一般露天保管比室内保管多损失1~1.5倍，而在泥地上又比木板上多损失1~1.5倍，因此，要十分重视农业机械的保管工作。保管农业机械时要注意以下几个方面。

1. 保持农业机械的清洁

在田间作业完毕后。必须清除外部泥垢，清理工作机械内的种子、化肥、农药或植物残株，必须用水或油清洗后擦干。清洗各润滑部位，并重新进行润滑。对所有摩擦表面，如梨铧、犁壁、开沟器、锄铲等，必须擦净后涂上机油，最好贴纸，以减少与空气接触的机会。

2. 搞好农机的保管

复杂、精密的农业机械，最好放在阴凉、干燥、通风的室内保管；对犁、耙、镇压器、中耕机等简单农业机械，可以在露天保管，但最好能搭棚遮盖；凡是与地面直接接触的零件，都应垫上木板；脱落的防护漆要重新涂好。

3. 搞好农业机械保护

农业机械上的弹簧必须放松，各零件不允许承受额外的压力。易腐蚀或易损坏的零部件，如输种管、链条、犁刀、锄铲、橡胶制品等，都应拆下来放在室内保管，保管时要防止变形和挤压。为防止腐蚀、变形、老化，木质零件应涂漆，橡胶制品可以涂石蜡。

四、农村土地流转

农业生产用地的流转主要是指土地承包经营权流转，即通过承包取得的土地承包经营权可以依法采取转包、出租、互换、转让或者其他方式流转。农业经营者要扩大土地的经营，可以利用其他农户转包、出租、互换、转让或者其他方式流转取得土地。国家保护承包方依法、自愿、有偿地进行土地承包经营权流转。转包期限视承包合同而定。耕地的承包期为30年；草地的承包期为30~50年；林地的承包期为30~70年；特殊林木的林地承包期，经国务院林业行政主管部门批准可以延长。

（一）农村土地流转相关规定

鉴于土地的特殊性，我国建立了一套严谨的农业生产用地流转制度。

（1）土地承包经营权流转主体。农村土地承包法第34条规定，土地承包经营权流转的主体是承包方。承包方有权自主决定土地承包经营权是否流转和流转的方式。即土地承包经营权的流转必须建立在农户自愿的基础上，在承包期内，农户对承包的土地有自主的使用权、收益权和流转权。任何组织和个人不得强迫农户流转土地，也不得阻碍农户依法流转土地。

（2）土地承包经营权流转的费用与收益。土地承包法第36条规定，土地承包经营权流转的转包费、租金、转让费等，应当由当事人双方协商确定。流转的收益归承包方所有，任何组织和个人不得擅自截留、扣缴。

（3）以其他方式将农村土地发包给本经济组织以外的单位和个人的程序。农村土地承包法第48条规定，发包方将农村土地发包给本集体经济组织以外的单位或者个人承包，应当事先经本集体经济组织成员的村民会议2/3以上成员或者2/3以上村民代表的同意，并报乡（镇）人民政府批准。由本集体经济组织以外的单位或者个人承包的，应当对承包方的资信情况和经营能力进行审查后，再签订承包合同。

（二）土地流转的主要程序

土地流转的主要程序如下。

（1）承租方与农户在双方自愿的基础上，协商确定土地承包经营权流转的方式、期限和具体条件。

（2）农户向村提出流转要求，经村委会备案后报乡镇人民政府农村土地承包管理部门（农经站）。

（3）乡镇人民政府农村土地承包管理部门（农经站）在对承租人的实力和资信情况进行审查的基础上，指导流转双方按协商一致的原则签订流转合同，使用统一格式的农村土地流转合同文本。如发现流转双方有违反法律法规的约定，要及时予以纠正。流转合同一式4份，流转双方各执1份，发包方和乡镇人民政府农村土地承包管理部门（农经站）各执1份。

农村土地承包经营权流转合同应包括双方当事人的姓名、住所；流转土地的四至、坐落、面积、质量等级；流转的期限和起止日期；流转方式、流转土地的用途；双方当事人的权利和义务；流转价款及支付方式；流转合同到期后地上附着物及相关设施的处理；违约责任。

（4）乡镇农村土地承包管理部门（农经站）应及时对土地流转情况进行登记，并将有关合同及文本资料进行归档保管。

（5）对流转面积在200亩以上的要报县农业主管部门备案。

（三）农村土地流转应注意的问题

为了更好地进行农业生产用地的流转，农业生产经营者应注意以下几个关键问题。

（1）平等协商，自愿有偿。土地承包使用权的流转，必须是承包农户完全自愿，不允许违背农民意愿强行要求流转或者阻碍流转；土地转让的期限、数量、补偿办法、定购任务和承包费的处理等具体问题，要由流转农户之间协商确定。

（2）流转期限不得超过承包合同规定的承包期限。

（3）经发包方备案或同意，并坚持土地集体所有和不改变土地农业用途。

（4）在同等条件下，本集体经济组织成员享有优先权。

【相关链接】

农村土地承包合同纠纷的解决

在土地承包过程中，发包方和承包方难免发生一些纠纷，这些纠纷的解决途径有以下几种。

1. 协商

发包方与承包方发生纠纷后，能够协商解决争议，是纠纷解决的最好办法。这样既节省时间，又节省人力和物力，但是并不是所有的纠纷都可以通过协商的方式解决。

2. 调解

纠纷发生后，可以请求村民委员会、乡（镇）人民政府调解，也可以请求政府的农业、林业等行政主管部门以及政府设立的负责农业承包管理工作的农村集体经济管理部门进行调解；调解不成的，可以寻求仲裁或者诉讼途径解决纠纷。

3. 仲裁或诉讼

当事人不愿协商、调解或者协商、调解不成的，可以向农村土地承包仲裁机构申请仲裁。对仲裁不服的，可以向人民法院起诉。当然，当事人也可以不经过仲裁，直接向人民法院起诉。

第三节　主动加强学习

加强学习，要注重实际，因地制宜。要根据自家的自然条件，经济条件，可发展条件，做好规划，选好项目，确定学习的方向方式和方法。学习科学文化知识有3种途径：一是在实际工作中学习；二是通过学校、培训班学习；三是通过电视、广播、网络、报纸书籍等方式自学。

一、在实际工作中学习

学习过程还是考验我们观察力的过程，常言道：留心处处皆学问，要求我们随时随地都要注意身边发生的人和事，也许你身边的这个人就是你学习的楷模，你身边发生的事就是值得你借鉴的镜子。

在实际工作中，要根据自己的经营业务、发展项目等生产生活所需，有目的地留心学习，边学边用，理论联系实际，在实际工作中带着问题去学往往比死记硬背来得快，效果好。学习中，还要善于用脑，举一反三，把所学的东西真正变成自己的东西，不断丰富自己的知识，务求学有所用、学有所成。

【相关案例】

从老师到工人再到高素质农民

郑洪广曾是杭州市余杭县良渚中学的一名代课老师，但因患上了严重的咽喉炎，只得无奈告别教师生涯。随后经人介绍，到大观山的杭州市种猪试验场（国有农场）工作。郑洪广在那里工作生活了7年，但国有农场在当时的体制守旧僵硬，郑洪广难于施展自己的抱负。1997年，郑洪广从国有农场辞职，到浙江省农科院园艺所师从著名桃、梨育种专家胡教授学习桃、梨等果树的栽培与管理技术。3年的求学路并不好走，因为是半路出家，郑洪广要比别人付出更多的汗水和精力。“刚开始学的时候，我总担心自己跟不上，就不停地记，有时忘了带笔记本就写在手上，吃饭时也不洗手，就怕模糊看不清，晚上再挑灯整理。”为了更好地掌握技术，郑洪广还经常外出参观拜访种植基地，虚心与各地果农交朋友，学习桃、梨果苗的嫁接技术、种苗繁育的地膜覆盖技术以及农药在病虫害防治中的作用。认真听果农为他讲解，分享经验，做好笔记。每次出去走访，都能收获一些实用的技术和经验，几年下来，记的笔记本有好几本。2000年，郑洪广学成回乡开始自主创业，从20亩地开始种植桃梨果树，繁育推广种苗，并创办杭州玉渚农业科技有限公司。通过几年的努力打拼，该公司成为浙江省现代农业科技示范基地，该基地也被授予国家级农村科普示范基地、浙江省第一所农民田间学校。郑洪广又重新回归了早年农民的身份。自己的人生，也由一名老师到工人再到一名农民。

二、通过学校、培训班学习

围绕乡村振兴、脱贫攻坚和农业农村高质量发展，各地纷纷制定了农民教育培训计划，并分产业、分类型、分层次建立培训对象库。农民朋友可以登录中国农村远程教育网（www. ngx. net. cn）“农民教育培训申报系统”（即原新型高素质农民培育申报系统修订版）或手机下载“云上智农”APP报名参加农民培训，以便在专家的指导下，进行系统的学习，可以在较短时间内迅速提升我们的思想道德修养、科学技术水平和经营管理能力。

对具有一定经济条件，希望获得更高质量、更系统培训的农民，可选择相应职业技术学校或大专院校学习。这样学习知识面更宽更系统，还可从这些科研院校获取更多的先进信息、引进具有较好发展前景的科研成果或开发项目，实现快速致富的目的。

【相关链接】

百万高素质农民学历提升行动计划

2019年，农业农村部办公厅、教育部办公厅印发关于做好高职扩招培养高素质农民有关工作的通知，启动实施“百万高素质农民学历提升行动计划”。

该计划的总体目标是全面完成2019年高职扩招培养高素质农民任务，经过5年努力，培养100万名接受学历职业教育、具备市场开拓意识、能推动农业农村发展、带领农民增收致富的高素质农民，形成一支“永久牌”乡村振兴带头人队伍。打造100所乡村振兴人才培养优质院校，显著提升涉农职业院校培养高素质农业农村人才的质量水平。基本形成遵循乡村振兴带头人成才规律和学习特点的涉农职业教育选才、育才、用才政策机制，为乡村振兴战略提供人才支撑。

通知明确，重点培养现职农村“两委”班子成员、新型农业经营主体、乡村社会服务组织带头人、农业技术人员、乡村致富带头人、退役军人、返乡农民工等。优先招录具有培训证书、职业技能等级证书、职业资格证书、农民职称的农民和农业广播电视学校学员在内的中职毕业生。在培养方式上，按照“标准不降、模式多元、学制灵活”的原则，采取全日制学习形式，施行弹性学制和灵活多元教学模式。各培养院校要针对高素质农民（村干部）学习需要，合理设置课程体系，确保总学时数不低于2 600学时，集中学习每学年不低于360学时，实践实习每学年不低于400学时，理论和实践教学比例不低于1∶1。学习期满达到毕业要求的，颁发相应高等教育专科学历证书。

在培养院校的选择上，要充分调动和发挥适应农业高质量发展和乡村人才需求的优质涉农职业院校积极性与资源优势。加强高水平“双师型”教师队伍建设，打造适应农业产业需求的产教融合实训基地。严把教学标准和毕业学生质量标准关口，培养爱农业、懂技术、善经营的高素质农民。支持地方建设一批高水平的农业类高职院校和涉农高职专业。

在保障措施方面，各地要落实高职扩招相关经费、生均拨款制度。加强培养院校条件建设投入，落实就业创业扶持激励政策措施，引导社会资源共同参与。

三、通过电视、广播、网络、报纸书籍等方式自学

具有一定文化程度和自学能力的农民，可以通过电视、广播、网络、报纸书籍等方式自学。根据自己的资金、资源、技术及相关条件，确定适宜开发的项目。然后购买相应的科技书籍，深入学习钻研，并请教科技人员答疑解惑，提高自身科技文化素质。

学习是一个漫长而艰苦的过程，只有养成勤奋好学的良好习惯，把学习当成一种乐事，从乐事中寻找动力，才有可能长期坚持下去，多年以后才能达到潜移默化的效果，我们的心灵也就在一天一天的知识积累中得到升华，我们的素质也就在不知不觉中得到提升。

第五章　提高技能水平

第一节　农民生产技能的内涵

一、农民生产技能的概念

技能是指掌握和运用专门技术的能力。农民所应具备的生产技能，是指在农业生产活动中应具备的劳动经验、农业技术，即必须掌握一定的农业科学技术。

二、农民生产技能现状

在传统农业生产中，农民主要依靠长辈们言传身教和模仿来获得技术，大部分农民没有接受过系统的农业技术教育和职业培训，其不足表现为如下几方面。

1. 先进的生产设备推广不力

对于先进的农业机械，诸如耕种类、植保类、收获类等机械，由于农民缺乏农业机械知识，使用以及维修这些先进机械需要耗费大量的时间、金钱和精力。农民对先进农机的拥有热情大大降低，不仅农业资源得到浪费，也很大程度地降低了生产效率。

2. 农作物种植不够科学

在农作物种植时间分配、种植密度、配方施肥、防虫治病周期及药剂选择使用等方面都不够科学。虽较以前农作物产量大大提升，但是目前实际产量与利用农业技术培植的农作物的产量还是偏低，产量提升空间依旧比较大。

3. 科学养殖重视不够

先进养殖技术引进与落实不够，包括渔业养殖、畜牧业养殖。尽管饲料的生产与引进给养殖业注入了新的活力，但是目前农村出现的猪瘟、鸡瘟、狂犬病等病毒蔓延依旧没有得到足够的重视与有效防范，农民群体在“大风波”中依旧是损失最重的受害群体。

4. 对农业科技的认知接受能力较弱

大多数农民对农业新技术、新产品表现出消极观望的态度，能看懂农业科技知识的很少，很难掌握操作要领。

三、影响农民生产技能的因素

导致农民生产技能偏低的因素，有内在的主观原因，也有外在的客观原因。

1. 内在主观因素分析

农民是提升科学素质的主体，是农业科学技术的接受者和最终使用者，来自农民自身的因素对其提升起着至关重要的引导作用。其思想观念与行动直接影响着学习运用科学知识的意愿和农技推广工作的时效，内在的主观原因无疑是决定农民生产技能高低的主要因素，表现如下。

(1) 受教育程度偏低。据有关数据统计，当前农民受教育程度大部分处于初中和初中水平以下，他们对于新农业科技知识与技术了解较少，学习接受能力差，实践运用能力低。这是制约农民科学素质的关键因素。

(2) 受小农经济思想牵制，观念老化。随着经济体制的改革，小农经济已经解体，但农民受以前“自给自足”思想的影响，固守陈规、安于现状，不愿意去接受外部新的事物，不关心外部世界的变化和发展，没有从根本上转变小农经济的思想意识。

2. 外在客观因素分析

农民生产技能的高低，与其生活、生产环境密切相关。目前，影响农民群体生产技能的主要外部因素如下。

（1）缺乏基础设施。农村可以说是社会发展最落后的地方，相对于城镇来说，农村科技知识资源的来源渠道少，缺乏相关的书报杂志、缺少方便快捷的网络信息平台、缺乏学习交流的必要场合，这些在很大程度上都是造成农民科技素质偏低的客观原因。

（2）政府重视力度不够。受城乡二元制模式的影响，农村的发展远远落后于城镇。农民都存在这样一种思想——读书走出农村、跳出农门，大量优秀人才从农村流失，农村出现一种“逆淘汰”的现象，而科技文化素质和能力偏低的人及老、弱、妇、幼却被留在了农村，导致了农民群体的生产技能低下。

第二节　科学施用化肥农药

一、科学施用化肥

化学肥料具有营养成分含量高，单位面积用量少，便于运输，便于施用，增产效果好，肥效快，施入土壤后能迅速被吸收利用。但是，它的养分种类单一，养分浓度高，溶解度大，如直接接触种子或根系，容易造成烧种子、烧苗，施用方法不当容易发生肥害，施用时必须注意避免肥害的发生。

现介绍几种常用化学肥料施用方法。

（1）碳酸氢铵宜深施。由于碳酸氢铵很不稳定，最容易分解为氨气而挥发，且温度越高，挥发损失就越大，所以，不宜在温室大棚内使用，也不能撒施于表土，应进行沟施或穴施。

（2）尿素施后不宜立即浇水。尿素施入土壤后，会很快转为酰铵，很易随水流失，因而施用后不宜马上浇水，也不要在大雨前施用。尿素可作为根外追肥施用，能有效地防止作物中、后期因植株缺氮出现早衰现象发生，但要注意避免发生肥害烧苗。尿素还要忌做种肥。

（3）硫酸铵忌长期使用。硫酸铵属生理性酸性化肥，若在地里长期施用，会增加土壤酸性，破坏土壤团粒结构，使土壤板结而降低理化性能，不利于培肥地力。

（4）硝态氮化肥勿在稻田和菜地施用。硝酸铵、硝酸钠等硝态氮化肥施入稻田后易产生反硝化作用而损失氮素。硝态氮肥料施入菜地后，会使蔬菜硝酸盐含量成倍增加，并能在人体内还原成亚硝酸盐，对人体危害极大。

（5）含氯化肥忌施于盐碱地和忌氯作物上。氯化铵、氯化钾等含氯化肥施入土壤中分解后日积月累会导致土壤酸化，在盐碱地上使用，会加重盐害。对忌氯作物如薯类、西瓜、葡萄等施用含氯化肥，可使其产品淀粉和糖分下降，影响产品的产量和质量。

（6）磷肥不宜分散施用。由于磷肥的活动性小而难以被作物吸收。因而在施用磷肥时，应做基肥施用，并较集中施于播种沟或窝内，最好是与有机渣肥混合堆沤一段时间再施用。

（7）钾肥不宜在作物生长后期追施。由于农作物下部茎叶中的钾元素，能转移到顶部细嫩部分再利用。因而钾肥应提前在作物苗期或进入生殖生长初期追施，或一次性作为基肥施用。

【相关链接】

识别化肥的简便方法

农民在购买化肥时，如果不能当面咨询当地的农业技术推广部门，可以使用以下简单方法来识别，概括为5个字："看、摸、嗅、烧、湿。"

看：一看包装，正规厂家生产的化肥外包装规范，注册商标、产品名称、净重、厂址，更重要的是标有养分含量、执行标准、许可证号和登记证号。假冒伪劣化肥包装不精、信息标志不清；二看粒度，氮肥和钾肥多为结晶体，磷肥多为块状或粉末状的非晶体；三看颜色，氮肥几乎全为白色，钾肥为白色或略带红色。

摸：将肥料放在手心用力握住或按压转动。利用这种方法辨别磷酸二铵较为有效，抓一把肥料用力握几次，有"油湿"感粘手的即为正品，干燥的则很有可能是假冒。

嗅：通过肥料的特殊气味来判断。如碳酸氢铵有强烈的氨臭味；硫酸铵略有酸味；过磷酸钙有酸味。而假冒伪劣肥料气味不明显。

烧：将化肥样品加热或燃烧，碳酸氢铵经过燃烧可直接分解并产生大量白烟，有强烈的氨臭味，无残留物；尿素经燃烧能迅速融化，冒白烟；硝酸铵不燃烧但可融化并出现沸腾状，冒出有氨味的烟。

湿：将肥料颗粒撒于潮湿地面或用少量水湿后，根据其溶解情况来判断。如硝胺、二铵、硫酸钾、氯化钾等可以完全溶解或融化；过磷酸钙、硝酸铵钙等部分溶解；复合肥颗粒会发散，溶解或有少许残留物，而劣质肥料溶解性很差或根本不溶解。

二、科学施用农药

（一）科学施用农药方法

1. 对症下药

各类农药的种类很多，特点不同，应针对要防治的对象，选择最适合的种类，防止误用；并尽可能选用对天敌杀伤作用小的农药种类。

2. 适时施药

现在各地已对许多重要病、虫、草、鼠制定了防治标准，即常说的防治指标。根据调查结果，达到防治指标的田块应该施药防治，没达到指标的不必施药。施药时间一般根据有害生物的发育期、作物生长进度和农药品种而定，还应考虑田间天敌状况，尽可能躲开天敌对农药敏感期施用。既不能单纯强调“治早、治小”，也不能错过有利时期。特别是除草剂，施用时既要看“草”情还要看“苗”情。

3. 适量施药

任何种类农药均需按照推荐用量使用，不能任意增减。为了做到准确，应将施用面积量准，药量和水量称准，不能草率估计，以防造成作物药害或影响防治效果。

4. 均匀施药

喷布农药时必须使药剂均匀周到地分布在作物或害物表面，以保证取得好的防治效果。现在使用的大多数内吸杀虫剂和杀菌剂，以向植株上部传导为主，称“向顶性传导作用”，很少向下传导的，因此，也要喷洒均匀周到。

5. 合理轮换用药

多年实践证明，在一个地区长期连续使用单一种类农药，容易使有害生物产生耐药性，特别是一些菊酯类杀虫剂和内吸性杀菌剂，连续使用数年，防治效果即大幅度降低。轮换使用作用机制不同的品种，是延缓有害生物产生耐药性的有效方法之一。

6. 合理混用

合理地混用农药可以提高防治效果，延缓有害生物产生耐药性或兼治不同种类的有害生物，节省人力。混用的主要原则：混用必须增效，不能增加对人、畜的毒性，有效成分之间不能发生化学变化，例如，遇碱分解的有机磷杀虫剂不能与碱性强的石硫合剂混用，要随用随配，不宜储存。

为了达到提高施药效果的目的，将作用机制或防治对象不同的 2 种或 2 种以上的商品农药混合使用。

有些商品农药可以同时混合使用，有的在混合后要立即使用，有些则不可以混合使用或没有必要混合使用。在考虑混合使用时必须有目的，如为了提高药效，扩大杀虫、除草、防病或治病范围，同时，兼治其他虫害、病害，收到迅速消灭或抑制病、虫、草为害的效果，防治抗性病、虫和草，或用混合使用方法来解决农药不足的问题等。但不可盲目混用，因为有些种类的农药混合使用时不仅起不到好的作用，反而会使药剂的质量变坏或使有效成分分解失效，浪费了药剂。

除草剂之间的混用较为普遍，市售的很多除草剂产品本身就是混剂，如丁·苄（丁草胺+苄嘧磺隆）、二氯-苄（二氯喹啉酸+苄嘧磺隆）、禾田净（禾草特+西草津+二甲四氯）、威罗生（戊草净+哌草磷）、丁·噁（丁草胺+噁草灵）、新得力（苄嘧磺隆+甲磺隆）、玉丰（扑草净+莠去津）、乙·赛（乙草胺+莠去津）等。除草剂的混用除了提高药效和扩大杀草谱外，还有一个很重要的目的是降低单剂的使用剂量，从而防止对作物产生药害。

7. 注意安全采收间隔期

各类农药在施用后分解速度不同，残留时间长的品种，不能在临近收获期使用。有关部门已经根据多种农药的残留试验结果，制定了《农药安全使用标准》和《农药安全使用准则》，其中，规定了各种农药在不同作物上的“安全间隔期”，即在收获前多长时间停止使用某种农药。

8. 注意保护环境

施用农药须防止污染附近水源、土壤等，一旦造成污染，可能影响水产养殖或人、畜饮水安全，而且难于治理。不过，只要按照使用说明书正确施药，一般不会造成环境污染。

(二) 安全使用农药注意事项

1. 施药人员应符合要求

(1) 施药人员应身体健康，经过专业技术培训，具备一定的植保知识，严禁儿童、老人、体弱多病者以及经期、孕期、哺乳期妇女参与施用农药。

(2) 施药人员需要穿着防护服，不得穿短袖上衣和短裤进行施药作业；身体不得有暴露部分；需穿戴舒适、厚实的防护服，能吸收较多的药雾而不至于很快进入衣服的内侧，棉质防护服通气性好于塑料服；使用背负式手动喷雾器时，应穿戴防渗漏披肩；防护服要保持完好无损，施药作业结束后，应尽快把防护服清洗干净。

2. 施药时间应安全

(1) 应选择好天气施药。田间的温度、湿度、雨露、光照和气流等气象因子对施药质量影响很大。在刮大风和下雨等气象条件下施用农药，对药效影响很大，不仅污染环境，而且易使喷药人员中毒。刮大风时，药雾随风飘扬，使作物病菌、害虫、杂草表面接触到的药液减少；即使已附着在作物上的药液，也易被吹拂挥发，振动散落，大大降低防治效果；刮大风时，易使药液飘落到施药人员身上，增加中毒风险；刮大风时，如果施用除草剂，易使药液飘移，有可能造成药害。下大雨时，作物上的药液被雨水冲刷，既浪费了农药又降低了药效，且污染环境。应避免在雨天及风力大于3级的条件下施药。

(2) 应选择适宜的时间施药。在气温较高时施药，施药人员易发生中毒。由于气温较高，农药挥发量增加，田间空气中农药浓度上升，加之人体散热时皮肤毛细血管扩张，农药经皮肤和呼吸道吸收引起中毒的危险性就增加。所以，喷雾作业时，应避免夏季中午高温（30℃以上）的条件下施药。夏季高温季节喷施农药，要在 10:00 前和 15:00 后进行。对光敏感的农药选择在 10:00 以前或傍晚施用。施药人员每天喷药时间一般不得超过 6 小时。

3. 施药操作应规范

（1）田间施药。

①进行喷雾作业时，应尽量采用降低容量的喷雾方式，把施药液量控制在 300 升/公顷（20 升/亩）以下，避免采用大容量喷雾方法。喷雾作业时的行走方向应与风向垂直，最小夹角不小于 45°。喷雾作业时要保持人体处于上风方向喷药，实行顺风、隔行前进或退行，避免在施药区穿行。严禁逆风喷洒农药，以免药雾吹到操作者身上。②为保证喷雾质量和药效，在风速过大（大于 5 米/秒）和风向常变不稳时不宜喷雾。特别是在喷洒除草剂时，当风速过大时容易引起雾滴飘移，造成邻近敏感作物药害。在使用触杀性除草剂时，喷头一定要加装防护罩，避免雾滴飘移而对邻近敏感作物产生药害；另外，喷洒除草剂时喷雾压力不要超过 0.3 兆帕，避免高压喷雾作业时产生的细小雾滴引起雾滴飘失。

（2）设施内施药。在温室大棚等设施内施药时，应尽量避免常规大容量喷雾技术，如采用喷雾方法，最好采用低容量喷雾法。如采用烟雾法、粉尘法、电热熏蒸法等施药技术，应在傍晚进行，并同时封闭棚室。第二天将棚室通风 1 小时后人员方可进入。

如在温室大棚内进行土壤熏蒸消毒，处理期间人员不得进入棚室，以免发生中毒。

第三节　农业生产关键技术

一、农业机械技术

目前，我国主要农作物的机械化技术主要包括水稻机械化生产技术、小麦机械化生产技术、玉米机械化生产技术、油菜机械化生产技术、棉花机械化生产技术、花生机械化生产技术、甘蔗机械化生产技术、保护性耕作技术、土壤深松机械化技术、高效节水灌溉技术、草原复壮机械化技术、农作物秸秆综合利用机械化技术等。

【相关链接】

机械播种的技术要求

(1) 因地制宜、适时播种、满足农艺环境条件。

(2) 播量和肥量可控，准确可靠，行内播种粒距均匀一致。

(3) 播深和行距一致，种子播在湿土中，覆盖良好，适时镇压。

(4) 播行直、地头齐、无重播漏播。

(5) 通用性好，不损伤种子，调整方便可靠

播种机械在作业时要尽量避免停车。地头转弯时，应将播种机升起，切断排种器和排肥器动力，并升起划行和开沟器。机械手要在作业中随时观察播种机的作业状况，特别要注意排种器是否排种；排肥器是否排肥；输种、输肥管有无堵塞；圆盘开沟器是否转动；覆土镇压器是否正常；划行、开沟器是否正常；种箱、肥箱中是否有足够的种、肥等情况。播完一种作物后，要认真清理种子箱，以免种子混杂造成排种故障，造成种子浪费和给以后的田间管理造成困难和麻烦。播种拌有农药的种子时，播种

人员要戴手套、口罩、风镜等防护工具。剩余的种子要及时妥善处理，不得随处乱倒或乱丢，以免污染环境和对人畜造成危害。

二、地膜栽培技术

(一) 地膜种类

地膜种类很多，随着塑料工业科技发展，应用于农业生产的地膜种类不断更新和扩大。根据塑料薄膜的制造方法不同，分为压廷薄膜、吹塑薄膜；根据塑料薄膜所具有的某些特殊性能，有育秧薄膜、无滴薄膜、有色薄膜、超薄覆盖薄膜、宽幅薄膜等。根据塑料薄膜的不同厚度和宽度，又有各种不同规格。目前生产中常用的塑料地膜主要是无色透明地膜、有色地膜和特种地膜等。

1. 无色透明地膜

无色透明地膜是应用最普遍的地膜，因此，也称为普通地膜，厚度 0.005~0.015 毫米，幅宽 80~300 厘米不等。其透光率和热辐射率达 90%以上，保温、保墒功能显著，还有一定的反光作用，广泛用于春季增温和蓄水保墒。缺点是土壤湿度大时，膜内形成雾滴会影响透光。

2. 有色地膜

有色地膜是根据不同染料对太阳光谱有不同的反射与吸收规律，以及对作物、害虫有不同影响的原理，人们在地膜原料中加入各种颜色的染料制成的地膜。主要有黑色膜、银色膜、黑白条带膜等，根据不同要求，选择适当颜色的地膜，可达到增产增收和改善品质的目的。

3. 特种地膜

特种地膜是指有特殊功能的地膜，主要有除草膜、有孔膜、反光膜、渗水地膜等。

(二) 地膜覆盖栽培技术

地膜覆盖栽培的特点是用透明的塑料薄膜把适播农田从地面上封盖起来，造成不同于露地栽培的农田土壤环境，增温保墒，蓄水防旱，保持土壤疏松，在一定程度上起到抑制杂草生长、压碱、促进作物根系发育等作用，从而促进增产和改善品质，提高经济效益。

日本于1956年便在草莓种植上普及了保护地地膜覆盖栽培技术，而后在多种蔬菜和其他大田农作物上广泛使用。美国在覆膜材料的开发研究方面领先各国，在西欧多个发达国家已普遍推广应用光解膜，大大减轻了土壤环境污染，并成功地使用了多功能铺膜机作业，功效高、质量好。

我国在利用地膜栽培植棉、地膜覆盖开发利用盐碱地、改砾田栽培为地膜覆盖栽培等方面取得了很好的效果。在棉花、玉米、水稻、花生、西瓜、甜菜、蔬菜等多种作物上，比较系统地提出了规范化的覆膜栽培模式，为不断提高我国农业生产技术水平作出了重大贡献。

三、无土栽培技术

(一) 无土栽培技术概述

无土栽培是一种不用天然土壤做基质的栽培技术，它是将作物直接栽培在一定装置的营养液中，或者栽培在用沙、砾石、蛭石、珍珠岩、稻壳熏炭、煤、岩棉等非土壤的基质材料做成的栽培床上。

无土栽培的方式很多，根据其栽培床是否使用基质，可将无土栽培分为两大类：基质培和水培。基质培是用固体基质代替土壤做栽培床栽培作物，固体的基质包括天然的沙、砾、草炭、锯木屑和人工基质如岩棉、多种泡沫塑料及纤维等。而水培则是将作物的根系直接置于营养液中，不用基质材料，营养液可以循环利用。根据无土栽培不同的基质种类，不同的栽培床，不同的通气方式和营养液供应方式等，还可以将无土栽培的种类分成多种。

不同的无土栽培方式，由于采用不同的基质，不同的栽培床装置和供液方式，其应用技术和应用效果各不相同，不同的设施装置的一次性投资大小也不一样。所以，我们在进行无土栽培时，一定要了解不同的无土栽培方式的特点和具体的应用技术，根据不同的作物种类和财力、物力等条件，选用适当的无土栽培方式。

和一般传统的土壤栽培相比较，无土栽培的优越性表现在：无土栽培的作物生长快，产量高；可以生产出清洁卫生、减少污染、品质好的产品；能省工、节水、省肥；可避免土壤连作障害及土传性病害；不受地区、土质、环境等条件的限制。

（二）无土栽培技术应用范围

无土栽培的应用范围主要有以下几个方面。

1. 栽培蔬菜作物

当前多数国家栽培的作物以蔬菜为主，在蔬菜作物中栽培最多的是番茄，其次有黄瓜、厚皮甜瓜、西瓜、茄子、辣椒、莴苣、菠菜、芹菜等。

2. 栽培花卉植物

多用于栽培切花、盆花用的草本或木本花卉，其花朵较大，花色鲜艳，花期长，香味浓。主栽植物有玫瑰、菊花、香石竹、郁金香、风信子、唐菖蒲、蔷薇、大岩桐以及观叶植物等。

3. 苗木生产

用无土栽培进行苗木生产，具有成苗快、幼苗壮等优点。如果树苗、林木苗等。

4. 药用植物栽培

草本药用植物可用无土栽培，效果良好。

5. 食用菌栽培

英国等西欧国家用草炭及炭渣栽培食用菌，效果良好，每平方米产量达 16~20 千克。

6. 沙漠、荒滩、盐碱地及楼顶、阳台的利用

在沙滩薄地、盐碱地上利用无土栽培大面积生产蔬菜和花卉有良好效果；有条件的地方还可在楼顶、阳台进行无土栽培，用以补充蔬菜和花卉的需要，而且可以美化环境，调节气候。

7. 航天农业

随着航天事业的发展，无土栽培技术在航天农业上的研究与应用发挥着重要的作用，如美国肯尼迪宇航中心对用无土栽培生产宇航员在太空中所需的食物做了大量的研究与应用工作，有的粮食作物、蔬菜作物栽培已经取得很好的效果。

四、节水灌溉技术

节水灌溉就是依靠现代科学技术，充分利用天然降水资源，进行农业灌溉，满足农作物的生长需要，减少农田灌溉过程中出现的损失及浪费，提高水资源利用率，从而以较少的灌溉水量取得较大的生产效益和经济效益，即最大限度地提高单位灌溉水量的农作物产量和产值的灌溉措施。目前在我国推广应用的节水灌溉形式主要有以下 11 类。

1. 渠道防渗

渠道渗漏是农田灌溉用水损失的主要方面。渠道防渗是节水灌溉的重要措施之一。应用渠道防渗技术后，一般可使渠系水利用系数提高到 0.6~0.85，比原来的土渠提高 50%~70%。渠道防渗还具有输水快、有利于农业生产抢季节、节省土地等优点，是当前我国节水灌溉的主要措施之一。随着渠道防渗技术手段的应用，灌溉用水得到了有效节约，且土壤次生盐碱化、渠道坍塌、渠道冲淤等事故的发生频率也得到了适当抑制。在保证渠道

内输水能力不断提升的基础上，缩小渠道自身的断面面积，并以迎合建筑物尺寸作为首要目标，通过这种方式不仅能够有效控制地下水位的上涨趋势，也能有效节约渠道占地面积，减少由维修、管理产生的渠道防渗工程费用。渠道防渗技术既能以较低的用水量获得较大的产出收益，也能在维持高水平单位灌溉水量的同时，完成作物的物理灌溉。根据所使用的材料，渠道防渗可分为三合土护面防渗、砌石（卵石、块石、片石）防渗、混凝土防渗、塑料薄膜防渗（内衬薄膜后再用土料、混凝土或石料护面）等。

2. 管道输水

管道输水是通过输水管道（塑料管道或低压输水管道）取缔传统明渠，把水直接输送至田间灌溉，从而减少水在明渠输送过程中的渗漏和蒸发损失。发达国家的灌溉输水已大量采用管道。目前，我国北方井灌区的管道输水推广应用较快。常用的管材有混凝土管、塑料硬（软）管、金属管等。管道输水与渠道输水相比，具有输水迅速、节水、省地、增产等优点。应用管道输水技术，可以使水的利用系数提高到0.95，节电20%~30%，省地2%~3%，增产幅度10%。在有条件的地方应结合实际积极发展管道输水。但是，管道输水仅仅减少了输水过程中的水量损失，而要真正做到高效用水，还应配套喷灌、滴灌等田间节水措施。

3. 喷灌

喷灌是借助水泵和管道系统或利用自然水源的落差，把具有一定压力的水喷到空中，散成小水滴或形成弥雾降落到植物上和地面上的灌溉方式。常用的喷灌分管道式、平移式、中心支轴式、绞盘式、轻小型机组式。管道式喷灌分移动管道式喷灌、固定管道式喷灌。移动管道式喷灌通常将输水干管固定埋设在地下，田间支管和喷头可拆装搬移、周转使用，因而降低了投资。

固定管道式喷灌是将管道、喷头安装在田间固定不动。其灌溉效率高，管理简便，适用于蔬菜、果树、经济作物灌溉，但是投资较高，不利于机械化耕作。中心支轴式大型喷灌机与平移式大型喷灌机只能在预定范围内行走，行走区域内不能有高大障碍物，土地要求较平整。其机械化和自动化程度高，适用于大型农场或规模经营程度较高的农田。绞盘式喷灌机（也称卷盘式喷灌机）分喷枪式和折架式 2 种，其中，折架式具有雾化好、耗能低的优点。轻小型机组式喷灌机具可以手抬，或装在手推车、拖拉机上，具有机动灵活、适应性强、价格较低等优点，通常用于较小地块的抗旱喷灌。其具有机动灵活、适应大小田块、亩设备投资低等优点，是一种适合中国国情、有发展前景的喷灌形式，可适用于大田作物、蔬菜等。喷灌作为一种先进的机械化、半机械化灌溉方式，在很多发达国家已广泛采用。喷灌具有以下优点：①节水效果显著（水的利用率可达 90%）；②作物增产幅度大（一般可达 20%~40%）；③大大减少了田间渠系建设及管理维护和平整土地等的工作量；④减少了农民用于灌水的费用和投入的劳动力，增加了农民收入；⑤加快实现农业机械化、产业化、现代化；⑥避免由于过量灌溉造成的土壤次生盐碱化。

4. 微喷

微喷（微水灌溉的简称，又称雾滴喷灌）是利用微灌系统设备按照作物需水要求，通过低压管道系统与安装在尾部（末级管道上）的特制灌水器（滴头、微喷头等），将作物生长所需的水和养分以较小的流量均匀、准确地直接输送到作物根部附近的土壤表面或土层中，使作物根部的土壤经常保持在最佳水、肥、气状态，以满足作物生长发育之需要的灌水方法。微灌的特点是灌水流量小，1 次灌水延续时间长，周期短，需要的工作压力较低，能够较精确地控制灌水量。微喷是利用折射式、旋转式或辐射式微型喷头将水喷洒到作物枝叶等区域的灌水形式。微喷的工作压力低，流量小，既可以增加土壤水分，又能提高空气湿度，起到调节局部小气候的功效，应用十分广泛。另外，还可以借助部分微喷头的超强雾化功能，用于扦插育苗、饲养场降温等场所。微喷是新发展起来的一种喷灌形式，微喷又分为吊挂微喷、地插微喷。特别适合农业温室大棚内投入使用，它比一般喷灌更省水，能够更均匀地将水喷洒于作物上。微喷是通过 PE 塑料管道输水，通过微喷头喷洒进行局部灌溉的。更可以扩充成自动控制系统，同时，结合施用化肥，提高肥效。

5. 滴灌

滴灌是利用塑料管道将水通过直径约 16 毫米毛管上的孔口或滴头送到作物根部进行局部灌溉。滴灌是目前干旱缺水地区最有效的一种节水灌溉方式，其水的利用率可达 95%。滴灌较喷灌具有更高的节水增产效果，同时，可以结合施肥，提高肥效 1 倍以上。可运用于果树、蔬菜、经济作物以及温室大棚灌溉，在干旱缺水的地方也可用于大田作物灌溉。其不足之处是滴头易结垢和堵塞。因此，应对水源进行严格的过滤处理。按管道的固定程度来划分，滴灌系统可分为固定式滴灌系统（分地面固定滴灌、地下固定滴灌）、半固定式滴灌系统、移动式滴灌系统 3 种类型。固定式滴灌系统是指全部管网安装好后是固定的，优点是操作简便、省工、省时，灌水效果好，适用于果树、葡萄、瓜果、蔬菜等作物。半固定式滴灌系统的干管、支管是固定的，只有田间的毛管是移动的，一条毛管可控制数行作物，灌水时，灌完一行后再移至另一行进行灌溉，依次移动可灌数行，适用于宽行蔬菜与瓜果等作物。移动式滴灌系统的干管、支管、毛管均由人工移动，设备简单，较半固定式滴灌节省投资，但用工较多。从控制方式来看，滴灌分手动控制、全自动控制、半自动控制。结合中国劳动力多、资金缺乏的具体情况而研究开发的半固定式滴灌系统、移动式滴灌系统，大大降低了工程造价，为滴灌在大田作物和经济欠发达地区推广应用创造了条件。

6. 膜上灌溉

膜上灌溉是指用地膜覆盖田间的垄沟底部，引入的灌溉水从地膜上面流过，并通过膜上小孔渗入作物根部附近的土壤中进行灌溉的方法。采用膜上灌溉，深层渗漏和蒸发损失少，节水显著，在地膜栽培的基础上不需再增加材料费用，并能起到对土壤增温和保墒作用。

7. 膜下滴灌

膜下滴灌是指将滴灌管放在膜下，或利用毛管通过膜上小孔进行灌溉。膜下滴灌既具有滴灌的优点（提高水的利用率），又具有地膜覆盖的优点（提高积温），尤其适合在北方干旱地区应用，节水增产效果更好。

8. 控制灌溉

控制灌溉（又称调亏灌溉）是指在水稻秧苗本田移栽后的各个生育期，田间基本不再长时间建立灌溉水层，不以水层深度为灌溉指标，而是以根层土壤含水量及土壤表相，确立灌水时间、灌水次数、灌水定额的一种灌溉新技术。根据水稻不同生育期对水分的不同需求进行“薄（薄水插秧）、浅（浅水育秧）、湿（分蘖前期湿润）、晒（分蘖后期晒田）”的控制灌溉，既节约用水，又有利于农作物生长，改变了以往水稻大水漫灌、串灌的旧习惯。

9. 坐水种

坐水种（又称抗旱点种）是指在一些水源短缺的地方，为了解决春播时由于春旱的影响而导致出不了苗或出苗不齐的问题，采用机械或畜力拉水，在埯中（播种的土坑）先注水后播种，使作物种子恰好坐落在灌溉水湿润过的土上，然后覆土的耕作栽培模式。

10. 土地平整改造

土地平整改造是指在作物播种或移栽前，通过平整土地，改进灌水沟畦规格（大畦改小畦、长沟改短沟等），以使表土保持符合农业要求状态，达到灌水均匀、节水的目的。

11. 科学灌溉

科学灌溉是根据作物需水要求，适时适量地灌水，用先进的科学技术手段对土壤墒情和灌区输配水系统的水情进行监测、数据采集和计算机处理，可以科学有效地控制土壤水分含量，进行合理调度，做到计划用水、优化配水，以达到既节水又增产的目的。同时，要重视和加强节水管理，改变目前农业用水水价过低、不利于节水的状况，实行按成本收费、超计划用水加价等政策。要建立健全节水管理组织和技术推广服务体系，完善节水管理规章制度。

五、农产品储藏保鲜加工技术

1. 农产品储藏保鲜技术

随着农产品市场化进程加快，传统储藏保鲜技术显然不能满足大规模生产、远距离流通以及人们对农产品储藏保鲜质量要求不断提高的需要。在原有的农产品储藏保鲜技术基础上，又出现了许多现代化农产品储藏保鲜新技术，如低温冷藏、气调储藏、减压储藏、辐射保藏、电场处理保鲜、化学保鲜、留树保鲜等。

（1）低温冷藏。低温冷藏是利用制冷机组和保温隔热性能良好的冷库，保持恒定的低温来进行储藏保鲜的方法。这种技术需要有一套制冷机组，有良好隔热性能的库房建筑结构。其造价高、耗能，但为永久性建筑结构，保鲜效果好，通风方便，周年利用率高。

（2）气调储藏。气调储藏是改变储藏环境中气体成分的储藏方法，即通常采用降低氧气浓度和提高二氧化碳浓度来抑制所储藏产品的呼吸强度，减少产品体内物质消耗，从而达到延缓农产品衰老的目的，延长储藏期，使其更持久地保持新鲜和处于可食用状态。

（3）减压储藏。减压储藏又称低压储藏、真空储藏，是气调冷藏的进一步发展。减压储藏就是将储藏产品放在一个坚固的密闭容器内，用真空泵抽气降低压力的一种储藏方法。根据果蔬特性和储藏温度，储藏压力可以降低至1/10个标准大气压甚至更低。新鲜空气经过压力调节器和加湿器不断引入储藏容器，每小时更换1~4次，并一直保持稳定低压，用以除去各种有害气体。这种减压条件下产品的储藏期比常规冷藏延长1倍。

（4）辐射保鲜。辐射保鲜是利用电离辐射辐照各种食品进行灭菌、杀虫和抑制某些生理活动来延长谷物、豆类、干鲜果品、蔬菜、肉类以及水产品等的储藏方法。由于食品辐射加工过程中无须对食品进行加热，所以，又称为冷巴斯德杀菌法。常用的辐射源为钴60和铯137，根据需处理农产品种类和目的不同，所采用的照射剂量也不相同。经过辐射处理后的鲜活果蔬会产生一些不良现象，如表面发黄、组织软化、产生异味等，还会造成部分营养成分的损失，因此，在使用辐射处理时，要根据处理目的合理采用辐射剂量，也可以用二氧化碳、微波、涂蜡等处理，以减轻辐射的不良影响。

（5）电场处理。电场处理分为高压静电场处理和负离子与臭氧处理。高压静电场处理是采用非均匀的电晕电场形式，即在保鲜食品的上方架设金属导线，与接地极之间形成一定强度的电晕电场。供电电压在50~200千伏，根据保鲜产品的不同，进行间歇或连续的电场处理。其作用是延缓生物产品的新陈代谢、降低生物产品的呼吸强度、降低生物食品内酶的活性，从而起到保鲜作用。负离子处理是在负高压静电发生装置架上放电极使空气电离，产生高浓度的负离子雾。负离子直接作用于生物产品，降低呼吸强度，减弱酶活性，延缓新陈代谢速率；净化储藏环境中的空气，起到静电除尘、净化空气的作用，减少传播微生物的载体。臭氧处理，当高压静电场的针板电极周围电场强度增大，引起空气电离，产生臭氧和臭氧负离子，臭氧是一种氧化性和活性都非常强的气体，又是一种良好的消毒剂和杀菌剂，瞬间杀灭细菌可以达到99%，并可在一定时间内自行还原分解，无任何残留物，是被公认的21世纪环保型消毒方法。臭氧对果蔬的保鲜作用：一是具有强烈的杀菌消毒作用，防止腐烂；二是抑制呼吸强度，减少养分消耗；三是消除乙烯、乙醇等有害气体，促进果蔬伤口愈合。

（6）化学保鲜。化学保鲜具有防腐和杀菌功能，在果蔬储藏和袋装食品的保鲜中应用广泛，一般由杀菌剂、激素、无机盐类、蜡和高分子化合物多种成分复合而成，具有降低新鲜果品呼吸、延缓后熟、防腐杀菌、防止水分散失等综合作用。保鲜剂的种类和用途较多，配制成分也根据商品目的不同而异，安全、高效、无污染、防腐保鲜产品，一般为专利性技术。

（7）留树保鲜。留树保鲜又称延长采收，是指果实留在树上保鲜，以延期采收的储藏方法。我国在20世纪70年代开始试验，在甜橙、红橘上取得成功，如今已在龙眼、苹果、梨、葡萄、桃、柚、脐橙、锦橙、血橙等果树上推广应用。留树保鲜与普通储藏相比，保鲜时间长，腐果率低，果实色泽、性状、水分和可溶性固形物、维生素C、糖、酸含量等指标均优于室内储藏。延长了水果的供应期，缓解了销售压力，经济效益显著高于其他储藏保鲜办法。

2. 农产品加工技术

传统的农产品加工是在手工操作的基础上，凭经验积累而进行的。随着市场经济发展起来的大规模社会化生产，农产品加工技术是需要运用物理学、化学、营养学、卫生学、生物学等知识以及新的技术革命成果来改进农产品加工工艺，因此，近年来出现了很多新的农产品加工技术。如膜分离技术、微胶囊技术、超临界萃取技术、超高压技术、真空浓缩技术、冷冻干燥技术、挤压技术、脉冲电场杀菌技术、辐射杀菌技术等，并已在农产品加工领域中得到广泛应用。

（1）膜分离技术。膜分离技术是用半透膜作为选择障碍层，允许某些组分透过而保留混合物中其他组分，从而达到分离目的的技术。膜分离技术具有处理效率高，设备易于放大；可在室温或低温下操作，适宜于热敏感物质分离浓缩；提取过程不需要有机溶剂的参与，无相转变，可避免二次污染和额外的纯化过程，节能环保；选择性强，可在分离、浓缩的同时，达到部分纯化的目的等优点，因此，主要用于生物产品分离、提纯与纯化过程。

（2）微胶囊技术。微胶囊技术是用可以形成微胶囊或膜的物质对核心体（芯材）进行包埋和固化的技术。胶囊化的微粒，由于内核外部都有保护层，可避免光、热、氧等环境因素的影响，比较稳定，可以延长储存期，并方便应用。

（3）超临界萃取技术。超临界萃取，又称气相提取，是以超临界状态下的物质为溶剂，利用该状态下物质所具有的高渗透能力和高溶解能力萃取分离混合物的技术。超临界萃取所得到的分离产物与天然原料完全相同，故它是一项潜力很大的新技术。目前，主要应用的食品工业领域有植物精油及香味成分提取，天然香辛料、食用色素的提取，功能性油脂的提取，有害物质的分离和去除，多不饱和脂肪酸、磷脂的提取，糖及苷类的提取，生化制品的分离提取，植物中功能成分的提取等。不仅如此，该技术已在一些国外工业生产中大量使用，如德国用它提取咖啡中的咖啡因，澳大利亚用它提取酒花中的有效成分等。

（4）超高压技术。食品超高压加工技术简称超高压技术，是将食品物料或生物材料以柔性材料包装后，放入液体介质（通常为食用油、甘油、油与水的乳液）中，使用100兆帕以上的压力，在常温或较低温度下处理一定时间，使食品达到杀菌、灭酶及组织改性的目的的新型食品加工方法。一般情况液体或气体压力在0.1~1.6兆帕称为低压，1.6~10兆帕称为中压，10~100兆帕称为高压，100兆帕以上称为超高压。

（5）真空浓缩技术。真空浓缩技术是在真空条件对液体进行蒸发浓缩的一种方法。它包含一个蒸汽加热的带有冷凝器和空气泵的双底真空釜。其优点是液体物质在沸腾状态下溶剂的蒸发很快，其沸点因压力而变化，压力增大，沸点升高；压力变小，沸点降低。由于在较低温度下蒸发，同时，由于物料不受高温影响，避免了热不稳定成分的破坏和损失，更好地保存了原料的营养成分和香气。特别是某些氨基酸、黄酮类、酚、脂类维生素等物质，可防止受热而破坏。而一些糖类、蛋白质、果胶、黏液质等黏性较大的物料，低温蒸发可防止物料焦化。在食品浓缩设备中，尚有多效薄膜式浓缩设备、刮板式薄膜蒸发器、板式蒸发器、离心式薄膜蒸发器等，后三者适合于高黏度或含悬浮颗粒的果蔬汁的浓缩。

（6）冷冻干燥技术。冷冻干燥是目前应用很广的低温技术。它是将食物中的水分冻结（低温：-100~-60℃）成冰后，在真空（高真空6.67~40帕）下使冰直接汽化的干燥方法。其优点在于产品保持了食品原有的物理、化学、生物学性质以及感官性质，复水性好，可长期保存，且能完整地保存食品中的热敏性功能成分的生理活性。该加工方法的成本较高。

（7）挤压技术。挤压技术是利用螺杆的旋转即推进作用，使原料在机械剪切力的作用下，完成输运、混合、搅拌、流变、蒸煮成型的连续化过程后而生产新型食品的加工技术。主要特点是通用性强、生产效率高、成本低、产品形式多样、产品质量高、能效高、新型结构的产品无污染等。主要应用于早餐谷物、膨化食品、饼干、面包片、高蛋白食品、婴儿食品、糖果、果酱、变性淀粉、方便食品等。

(8) 脉冲电场杀菌技术。脉冲电场杀菌技术是将食品置于两个电极间产生的瞬间高压电场中，由于高压电脉冲能破坏细菌的细胞膜，改变其通透性，从而杀死细菌。高压电场脉冲灭菌一般在常温下进行，处理时间为几十毫秒，这种方法有两个特点。一是灭菌时间短，处理过程中的能量消耗远小于热处理。二是由于在常温、常压下进行，处理后的食品与新鲜食品相比在物理性质、化学性质、营养成分上改变很小，风味、滋味无感觉出来的差异。而且灭菌效果明显，可达到商业无菌要求，特别适用于热敏性食品，具有广阔的应用前景。

(9) 辐射杀菌技术。辐射杀菌（也称辐照灭菌）是利用电磁辐射产生的电磁波杀死微生物的一种有效方法。用于灭菌的电磁波有微波、紫外线、X 射线、γ 射线等。它们都能通过特定的方式控制微生物生长或杀死微生物。

六、新材料、新机械

1. 温室大棚技术

温室又称暖房，能透光、保温（或加温），用来栽培植物的设施，在不适宜植物生长的季节，能提高生育期和增加产量。多用于低温季节喜温蔬菜、花卉、林木等植物的栽培或育苗等。温室的种类多，依不同的屋架材料、采光材料、外形及加温条件等可分为很多种类，如玻璃温室、塑料温室；单栋温室、连栋温室；单屋面温室、双屋面温室；加温温室、不加温温室等。温室结构应密封保温，但又应便于通风降温。现代化温室中具有控制温湿度、光照等条件的设备，用电脑自动控制创造植物所需要的最佳环境条件。

2. 缓释肥技术

肥料作为最多的农业生产成本投入和最重要的增产要素，直接关系到农业的综合效益，大量的施肥实践证明：由于肥料性质与土壤环境条件的综合影响，普通的肥料施用后，一部分要随水土流失，易造成土壤板结，不利于农作物生长，对土壤环境以及地下水资源造成污染；另一部分要挥发到空气中，对大气造成污染，从而使肥料的利用率严重下降；真正被农作物吸收的只是肥料的较少部分。缓释肥是施入土壤中养分释放速度较常规肥料大大减慢、肥效期延长的一类肥料。由于它具有长效性和缓效性，养分释放速度与作物吸收规律相近或一致，养分利用率提高6%~15%。缓释肥对环境的污染被控制到最低水平。而高效缓释肥的出现，正是顺应了现代农业生产的这种需求，研制生产出的一种新型肥料。

3. 小型作业机械

小型作业机械方便在设施内使用，可以实现精准化操作。

七、现代农业信息技术

现代农业信息技术是以传感技术、通讯技术和计算机技术为主，实现农业生产活动有关的信息采集、数据处理、判断分析、存储传输和应用为一体的集成农业技术。涉及农业数据库、管理信息系统、地理信息系统、决策支持系统、专家系统、计算机网络系统、卫星遥感系统、全球定位系统、远程通讯等技术的综合运用。

（一）现代农业信息技术类型

1. 信息采集技术

信息采集技术是以遥感系统、全球定位系统、地理信息系统、地面自动化实测技术等对农业生产过程中的各种农业信息进行实时采集。

2. 信息传输技术

信息传输技术是指以通讯技术、地理信息系统技术等将采集到的各种农业信息，通过接口，高速度、高质量、准确及时、安全可靠地实时传输至农业信息系统，实现农业信息系统资料的实时更新。

3. 信息处理技术

信息处理技术是指以数据处理技术、模拟模型技术、虚拟现实技术和地理信息系统技术等对农业信息按需求进行处理分析，给出指导农业经营和生产的有用信息，为农业发展提供咨询服务和决策支持。

4. 信息管理技术

信息管理技术是以计算机网络技术为基础，充分利用数据库管理技术、地理信息系统技术对农业资料、图像和文档等信息进行管理，并实现信息资源共享。

5. 信息服务技术

信息服务技术是以多种服务方式，将农业信息产品快速、准确地服务于用户。

6. 信息应用技术

信息应用技术是根据农业生产活动和环境资源信息处理结果，利用控制技术实时确定农业生产管理控制，通过智能化的农机具及设备控制具体实施。

（二）现代农业信息技术的应用

现代农业信息技术在发达国家得到了迅速发展和广泛应用，已经成为提高农业生产力和农业资源利用水平最有效的手段和工具。我国从20世纪80年代起，开展了农业信息技术的研究，经过40年来的努力，有了长足发展，也取得了明显成就。

1. 3S技术

3S技术是指遥感（RS）、地理信息系统（GIS）、全球定位系统（GPS）。3S 技术目前已经被广泛应用于农业的各个方面，如种植业、养殖业、农业机械、水产业等。主要应用于综合开发、产量估算、生长监测、病虫害预报等。

（1）遥感（RS）。遥感（RS）包括航空遥感和卫星遥感。航空遥感能进行较精确的测量和立体观察。卫星遥感频度大、时间和空间分辨率高、便于数字化分析。美国宇航局和美国农业部等在 1975 年首次运用 RS 技术实施“大面积作物调查试验计划”，分别对美国本土及苏联当年的小麦长势和产量进行监测、预测。

（2）地理信息系统（GIS）。该系统是在计算机软硬件的支持下，对有关空间数据按地理坐标进行输入、存储、查询、检索、运算、分析、显示、更新和提取应用的技术系统。中国农业大学与荷兰 wageningen 农业大学合作研究的基于作物生长模拟模型、遥感和地理信息系统的不同层次尺度作物生产管理和土地持续利用项目，重点研究作物生产管理决策、区域经济发展模型、土地持续利用规划体系、区域作物生产力评价和预警方法体系。中国水稻研究所的农作物病虫灾变预警 Web-GIS 系统开发探讨项目，是以 GIS 为依托，利用 Internet 技术，建立在 Web 上发布、交流病虫预测预报信息的 Web-GIS，以解决农作物病虫灾变预警等重大可持续发展面临的问题，提高植物保护中信息交流、预测预报决策水平。河北农业大学人工智能研究所任振辉等研究的用 VF5.0 开发的小麦、玉米综合管理系统项目，运用 GIS 技术，将农业技术、科研成果和专家经验与计算机技术结合起来，根据华北平原灌溉区冬小麦、夏玉米一年两作的生产模式，建成作物营养的合理调配与精确施肥方案的决策管理系统。

（3）全球定位系统（GPS）。该系统是以人造卫星组网为基础的无线电导航系统，主要由卫星星座、地面监控和用户信号接收三部分组成。为全球范围内的用户提供全天候、连续、实时、高精度的七维数据（三维位置+三维速度+一维时间），具有解决多种学科重大问题的能力，目前已经被广泛应用到各个领域。大连水产学院研究的基于微机的渔业资源探测系统，与 GPS 信号结合，可用于海洋源的调查和评估。中国的全球定位系统为北斗卫星导航系统，也越来越多地应用于渔业与农业。

2. 通讯技术

现代信息技术为人们提供的网络通讯工具有电子邮件、网络电话、网络传真、网络寻呼、WAP 等。

（1）电子邮件（E-mail）。通过计算机网络系统，可无需纸张，方便地写信、寄信、读信、回信和转发信件。你可以在任何 1 个设有免费信箱的网站去申请 1 个属于你的私人信箱，设定好自己的用户名和密码。使用电子信箱发送国际信件也不需付特别费用。还可以传输文件、订阅电子杂志、参与学术讨论、发送电子新闻，进行多媒体通讯，发送和阅读包括图像、图形、文本、声音和动画在内的多媒体邮件。

（2）网络电话。通过计算机网络的电话系统，它是以多媒体为载体，加上适当的软件，进行 PC to PC、PC to Phone、Phone to Phone 的通信，而且有的还实现了可视传输。

（3）网络寻呼。目前最常用的有 ICQ 和中文 OICQ 等，中文 OICQ 不仅仅是一个虚拟寻呼机，而且还可以和其他短讯通讯网络互联，如无线寻呼网、GSM 无线移动电话短消息、传真甚至电话网。ICQ 支持显示朋友在线信息、即时传送信息、即时交谈、即时发送文件等。微信是近几年应用广泛的网络交流平台。

3. 农业信息网络系统

农业信息网络建设是提高农业综合生产能力的一项重要基础工程。其主要意义表现在 5 个方面：一是有利于快速、准确、全面地了解国内外农业发展动态；二是有利于农业工作者工作手段的改善，共享农业信息资源，协同攻关；三是有利于实现农业系统办公自动化、提高工作效率和管理水平；四是建立基于网络和多媒体的农业成果推广系统，缩短农业技术的推广周期；五是有利于建立农业信息市场，实现网上交易。据不完全统计，国内中文农业相关网站有近万个。国内农业网站中，从中央到地方大多数都建立了网站，如中国农业信息网、中国畜牧兽医信息网、中国种植业信息网、中国农机化信息网、中国农垦信息网、中国水产市场信息网等，大多数省份都建立了自己的农业信息网。

4. 农业应用软件系统

计算机网络技术的普及，极大地促进了农业应用软件的开发研究和推广应用，并且逐步取得较好的经济效益。如专家系统、决策支持系统、数据库、信息管理系统、多媒体技术系统等。

（1）专家系统。专家系统是指将众多农业专家的智慧综合起来，形成一个知识库和将实际农业生产活动中获得的许多范例组合成一个范例库。如由长春市农业科学院、吉林大学计算机系共同研制的基于范例推理的玉米高产栽培模式专家系统；由北京佑格科技发展有限公司与农业农村部饲料工业中心、中国科学院动物研究所研制的猪病诊断专家系统等。

（2）决策支持系统。其基本原理与专家系统相似，但主要应用在决策和预测领域。如中国农业科学院的基于模糊规则作物产量预测研究，河北农业大学的苹果、梨病虫害综合防治决策支持系统，北京佑格科技发展公司的饲料配方超级优化决策系统等。

（3）数据库。目前，农业系统开发应用的有代表性的数据库有：中国农林文献数据库、中国农业文摘数据库、中国农作物种质资源数据库、农副产品深加工题录数据库、植物检疫病虫草害名录数据库、农牧渔业科技成果数据库、中国畜牧业综合数据库、全国农业经济统计资料数据库、农产品集市贸易价格行情数据库、农业合作经济数据库等。

(4) 信息管理系统。依据标准化的数据结构与交换格式，组织和管理农业信息；基于 RS、GIS、GPS 的农业生态体系与可持续性评价、宏观农业决策、营销战略和市场分析；Interner 与 Intranet 相结合的农业信息采集与科技服务，如中国农业资源信息系统、农机化微机管理系统、乡镇企业管理信息系统、蛋鸡场生产管理系统等。

(5) 多媒体技术系统。多媒体技术为信息的获取、储存、传输提供了新的方法，它不仅能处理文字、数据，而且还能处理图形、图像、声音、视频等，达到图、文、声并茂的效果，大大拓展了信息资源的应用范围。农业领域的多媒体技术，主要应用于农业技术的推广、教学和科研等方面。如中国蔬菜害虫多媒体数据库、水稻的主要害虫及其防治、瘦肉型猪规模化养殖、现代养猪综合技术等多媒体系统。

八、物联网技术

物联网概念于 1999 年提出，是将所有物品通过各种信息传感设备，如 RFID（射频识别技术，俗称电子标签）、基于光声电磁的传感器、3S 技术、激光扫描器等各类装置与互联网结合起来，实现数据采集、融合、处理，并通过操作终端，实现智能识别和管理。应用物联网可以实时地收集温度、湿度、风力、大气、降水量，精准地获取土壤水分、压实程度、电导率、pH 值、氮素等土壤信息。从而进行科学预测，帮助农民抗灾、减灾。科学种植，提高农业综合效益，实现农业生产的标准化、数字化、网络化。

1. 智能化控制

通过在农业生产园区安装生态信息无线传感器和其他智能控制系统，可对整个园区的生态环境进行检测，从而及时掌握影响园区环境的一些参数，并根据参数变化适时调控如灌溉系统、保温系统、防病虫害系统等，确保农作物有最好的生长环境，以提高产量、保证质量。

2. 农产品安全

物联网可对食品从生产到销售的各个环节进行全面监控。具体做法是给进入农贸市场的农产品安装上电子芯片，芯片可以及时记录该批产品的生产、加工、批发零售等各个环节的信息。消费者在购买产品时索取含有食品安全追溯码的收银条，凭借收银条上的二维码就可以用智能手机查询产地、来源、加工、检疫等多方面信息。物联网一方面可以提高经济效益；另一方面可以大大节约成本。目前，美国、欧盟等都在投入巨资深入研究物联网。随着智能农业、精准农业的发展，通信网络、智能感知芯片、移动嵌入式系统等技术在农业中的应用逐步成为研究的热点。

九、光伏技术

现在有个新词叫“光伏农业”。其实就是将太阳能发电广泛应用到现代农业种植、养殖、灌溉、病虫防治以及农机动力等领域。也可以运用在林业生产或水利建设上，例如，太阳能水情监测报告系统、林业监测报告系统、水利灌溉系统等可利用光伏科技和太阳能。

1. 太阳能杀虫灯

这种技术最大好处是取代或减少农药的使用，可保证食品安全。同时，市场上的此类产品已经具有时控、雨控、光控、全天候智能化管理等功能，除了普通电源产品外，有些高科技公司还开发出一体化野外太阳能照明杀虫灯、室内便携式照明杀虫杀蚊灯等产品，极大地方便了农民进行病虫害防治。

2. 新型太阳能生态农业大棚

这种技术将太阳能光伏发电系统、光热系统及新型纳米仿生膜技术综合嫁接到传统温室大棚，达到了很好的效果。例如，转光膜技术能根据作物生长对不同波长的光吸收的需求，对透过转光膜的太阳光进行波长转换，以便农作物更容易吸收，提高了光合效率。这种新型大棚能完全实现能源自给，既节能环保，又极易维护，相比于传统大棚，有运行成本低廉、农产品质量高的优点。

3. 太阳能光伏养殖场

这是将现代清洁能源工程与传统养殖事业相结合，在养殖场屋顶建设光伏电站，用以改善和提升传统畜牧养殖业并提供绿色能源的一种全新尝试，同时，其推广和普及也能在提升新能源利用水平方面起到积极作用。

4. 太阳能污水净化系统

现在农村的环境污染日益严峻，如何治理污水是其中一个不容忽视的问题。太阳能污水净化系统在将太阳能转化成热能、电能后再有效地运用于污水处理工艺中，在这个过程中，基本没有二次污染和能耗转移。

以上列举的只是几类极具代表性的、可实际运用的光伏产品，实际上，光伏农业还在其他很多方面有着广阔的应用前景。光伏农业符合生物链关系和生物最佳生产原料能量系统要求、遵循农产品生产规律并创新物质和能量转换技术，以达到智能补光、补水及调温的目的，而其产出的农产品将比现有方式生产的产品更安全、更营养、更高产。

十、生物工程技术

生物工程是利用诸如基因重组、细胞融合、固定化酶、固定化细胞和生物反应器等技术，对生物系统加以调控、加工，从而进行物质生产的综合性科学技术。它主要包括基因工程、细胞工程、酶工程和发酵工程等 4 个方面，已不同程度地应用在农业上。目前，国内外应用生物工程技术比较多的是水稻、小麦、玉米，棉花和油料作物，蔬菜，水果，木材等五大类。

1. 植物抗病毒

由植物的病毒病引起的草莓品种退化问题、马铃薯的退化、小麦黄矮病等，可以用基因工程来解决。

【相关案例】

用科技趟出脱贫致富之路

王立国，天津市宝坻区人，1997 年在北京商学院毕业后，一直从事地产、能源产业投资，有着自己的产业和事业。2014 年，通过宝坻招商，回到家乡宝坻，积极投入农业产业发展，励志带动家乡父老乡亲脱贫致富。通过政策引导、科技带动、企业与种植户联姻等方式，在宝坻区探索出了一条带动红薯产业发展，引导农民增收致富的成功途径，并将甘薯产业打造成京津冀区域有着重要影响力的产业策源地，不断推动宝坻史各庄镇甘薯产业蓬勃发展。

科技引领，技术带动，创建高端红薯产业基地

2014 年 3 月，王立国在天津市宝坻区史各庄镇注册成立天津丰华裕隆农业发展有限公司，公司历经挫折而不断努力，目前已经发展成为融甘薯新品种引进，种苗组培脱毒繁育、甘薯示范种植、鲜食甘薯仓储配送、品牌连锁店销售为一体的农业科技型企业。2015 年，丰华裕隆公司通过与中国农业大学、河北省农林科学院等 7 家甘薯科研院所合作打造天津丰华裕隆甘薯产业研发中心，从科技上解决了甘薯产业发展的所有技术瓶颈。公司目前拥有天津市首家甘薯组培脱毒中心，该中心是国内最具标准化，规模最大的专业性甘薯组培脱毒中心之一，年可生产脱毒种苗 2 亿株，能够为 7 万亩甘薯种植提供优质种苗。目前，丰华裕

隆公司已经发展成为国内红薯脱毒试管苗的最大生产商和烤食型甘薯最大的生产基地，在国内烤食型甘薯领域有着不可撼动的行业龙头地位。

做大做强企业，带动区域共同创新发展

丰华裕隆公司与本区域7家农业企业和农业合作社建立了产业种植联合体，不断加大土地流转力度，联合宝坻区7家合作社基本完成了万亩左右的土地流转规模。公司2017年向京津冀区域合作社投放价值1 200万元的5 300万株脱毒甘薯种苗，并以高于市场2倍的价格进行订单收购，极大地促进了区域内的土地流转和甘薯种植，为农户解决了从种苗到种植再到销售的所有难题。通过组建专业的农机服务合作社，不断完善标准化、机械化的种植程度；通过与区农资部门合作，在农资采购实行统一标准，避免了违禁农药和假农资的使用，为甘薯安全化种植奠定了基础。通过建立开设200余家“薯老大地瓜坊”连锁店，以及与国内多个烤地瓜连锁品牌合作，建立了庞大的销售网络，解决了甘薯销售难题。仅2017年，公司和史各庄及周边镇农户签订长期种植合作协议，带动合作社种植2 570余亩，不但促进了本区域甘薯产业发展，而且还带动近600户农民脱贫致富，仅用工一项，每年使用30 000多人次用工，为周边村民带来300多万元收入。

2018年王立国和他的丰华裕隆公司通过产业融合，与周边农户优势互补，成功推动了甘薯产业的一、二、三产业融合发展的利益联结机制，努力引导不同利益主体之间形成风险共担、互惠合作的关系，引导其形成分工协作、优势互补的新格局。通过采取种苗赊销、订单收购、最低价保护收购和以生产资料入股的方式，打造利益共享、风险共担的经济共同体，有效地带动了本地农户增收致富，为新农村的经济发展走出了一条创新之路。

经过5年的努力发展，王立国和他的丰华裕隆公司已建成天津市首家大型标准化的甘薯脱毒组培育种中心，脱毒试管种苗生产能力可达5万株。宝坻区史各庄镇已经成国内规模最大的优质烤食型甘薯生产基地，基地通过了质量管理体系认证和无公害农产品认证，核心示范区取得了有机农产品认证。建成专用甘薯仓储保鲜库14 000立方米，突破烤食型甘薯全年仓储技术难题，成为国内最大烤食型甘薯生产和仓储基地。公司注册“薯老大”烤薯品牌，发展200余家烤薯连锁店，形成了国内首家全产业链甘薯企业。企业设立科技特派员甘薯产业工作站，对农户进行技术指导，解决生产中难题，并与天津农学院合作，成立了天津市首家甘薯产业研究院。2017年丰华裕隆公司获得天津市高新技术企业资质，并获科技部批准国内甘薯产业“星创天地”孵化器，2017年完成了股份制改造，在天津OTC股权交易所完成了挂牌上市。

王立国的丰华裕隆公司自2014年成立以来，一直与中国农业大学、廊坊农林科学院、河北省农科院甘薯研究所、山东烟台农科院甘薯研究所、湖北省农科院甘薯研究所等多家科研院所进行着深入合作；与京津冀、山东、辽宁、山西等多家农业企业以及合作社有着种植方面合作，不断将大量技术、品种进行推广。王立国提出企业精准帮扶的规划：将帮扶对象纳入到甘薯新品种引进试种，种苗组培脱毒繁育、甘薯示范种植、鲜食甘薯仓储配送、品牌连锁店销售的整个产业链体系中，用产业发展带动周边农户致富，实现精准帮扶目标。2015年公司引导史各庄镇4个市级贫困村加入甘薯产业，每年付给4个困难村80万元的固定收益，支付4个贫困村用于输血扶贫，改善4个村的贫困状况，到2018年，在史各庄镇打造高端甘薯产业集群，再带动20个村进行产业帮扶，努力实现甘薯产业与乡村振兴良性协调发展，并不断加大与区外相关单位进行合作，做大做强甘薯产业。

在史各庄镇继续推进“公司+帮扶村”的产业帮扶模式，引导贫困村与优势企业合作，促进史各庄镇优势甘薯产业发展，鼓励农户建立甘薯种植合作社，为农户发展内生动力，突破困难村瓶颈，破解无产业难题实现困难村永久性脱贫，促进了农民增收，从输血到造血进而一起打造创新发展的甘薯产业平台，带动周边区域做大做强区域产业，走出一条具有特色的脱贫致富之路 。

2018年，王立国与京津冀120余家甘薯企业、科研机构合作，发起成立了京津冀甘薯产业创新联盟，通过联盟的成立，提高了宝坻区史各庄镇甘薯产业在区域的影响力。公司下一步将引入资金5 000万元推动鲜食甘薯仓储物流发展，将史各庄镇打造成京津冀区域最大的鲜食甘薯仓储物流集散地，推动鲜食甘薯京津冀区域消费时尚，将史各庄镇打造成融甘薯产业科研、种苗、生产、仓储物流、旅游观光于一体的特色农业小镇，为农村振兴、农业发展、农民致富贡献力量。

2. 虫害防治

现在使用了一种生物防治办法——苏云金杆菌喷施农作物。这种菌体内带有苏云金杆菌毒蛋白，害虫感染了这种菌后，由于虫体内没有分解这种毒蛋白的酶，而被毒死。目前，正在研究将细菌体内编码这种毒蛋白的遗传物质用基因工程的办法提取出来，再移到植物里面去，植物体内便产生出细菌的毒蛋白，由于害虫消化不了这种植物的叶片，从而不吃这种叶片，达到保护植物的目的。

3. 清除杂质

生物工程可以使植物产生抗除草剂的作用，这给农业带来很大好处，小麦、水稻、番茄都可以成为抗除草剂转基因植物，既节省劳力，又提高产量。

4. 提高水果的保鲜度

水果成熟时，产生许多乙烯，受乙烯诱导产生基因表达，其中，一点就是水果的细胞壁分解，导致水果变软。现在，通过基因工程，将导致细胞壁分解的基因破坏掉，使水果不产生乙烯，这样的番茄成熟后，一直可挂在植株上 3 个月而不变软。这样大大方便了水果的运输，到市场后，加入一点儿乙烯，水果很快会变软。

第六章　提升信息素养

第一节　信息素养的内涵

一、信息素养的概念

信息素养，又称信息素质，最早由美国信息产业协会主席保罗·车可斯基（Paul G. Zurkowski）在1974年提交的一份报告中提出，其中，将信息素养定义为“利用大量的信息工具及主要信息资源使问题得到解答的技术和技能”。但这一时期对信息素养的定义多在强调信息获取的技巧、信息定位与信息利用等。

20世纪80年代，信息素养的内涵得到进一步扩展和明确，不仅包括信息技术和技能，而且涉及个体对待信息的态度（如信息意识）、确定与利用信息的愿望、对信息价值的评价和判断、对信息的合理利用等。1989年，美国图书馆协会下属的“信息素养总统委员会”在年度报告中对信息素养的含义重新进行了概括：“具备信息素养的人，能够充分认识到何时需要信息，并能有效地进行检索、评价和利用所需的信息。”而20世纪90年代后，信息素养的概念更进一步完善，逐步与终身学习能力关联起来。

目前，关于信息素养最有代表性也较权威的定义是2000年由美国大学与研究图书馆协会（ACRL）制定的“高等教育信息素养教育标准”中提出的：“能认识到何时需要信息，和有效地搜索、评估和使用所需信息的能力”。其中，强调信息素养为一生学习奠定基础，它适用于各个学科、各种学习环境和教育水平，可以让学习者掌握内容，扩展研究的范围，有更多主动性和自主性。

二、信息素养的内涵

“信息素养”的本质是全球信息化需要人们具备的一种基本能力。简单来说，是指能够判断什么时候需要信息，并且懂得如何去获取信息，如何去评价和有效利用所需的信息的一种能力。

信息素养可以从下列两方面理解。

1. 信息素养是一种基本能力

信息素养是一种对信息社会的适应能力。美国教育技术 CEO 论坛 2001 年第四季度报告提出 21 世纪的能力素质，包括基本学习技能（指读、写、算）、信息素养、创新思维能力、人际交往与合作精神、实践能力。信息素养是其中一个方面，它涉及信息的意识、信息的能力和信息的应用。

2. 信息素养是一种综合能力

信息素养涉及各方面的知识，是一个特殊的、涵盖面很宽的能力，它包含人文的、技术的、经济的、法律的诸多因素，和许多学科有着紧密的联系。信息技术支持信息素养，通晓信息技术强调对技术的理解、认识和使用技能。而信息素养的重点是内容、传播、分析，包括信息检索以及评价，涉及更宽的方面。它是一种了解、搜集、评估和利用信息的知识结构，既需要通过熟练的信息技术，也需要通过完善的调查方法，通过鉴别和推理来完成。信息素养是一种信息能力，信息技术是它的一种工具。

三、农民信息素养提升的途径

农民信息素养水平直接关系到新农村信息化建设的进程，关系到农业现代化和全面建设小康社会奋斗目标的实现。提升农民信息素养水平途径如下。

1. 逐步培养农业劳动者的信息意识

抓住农业和农村经济对信息的迫切需求开展农民教育培训，注重实效，循序渐进，重点突破，继而带动全局。要以农业企业信息化为突破口，在有条件的地方积极开展应用示范，努力营造学习信息技术、运用农业信息的氛围，使农民在学习信息技术、运用农业信息的过程中，实实在在地感觉到自己在受益。

2. 依托农村党员干部现代远程教育平台提高农民信息素养

以计算机技术、多媒体技术和现代通信技术为标志的农村党员干部现代远程教育平台已基本覆盖浙江省每个村镇，从而打破了时空界限，创设了个体化学习环境，有效地弥补了当前农村教育资源短缺的不足，为开展农民素养教育提供了全新的教育手段，是加快农村信息化建设，实现信息直通基地、直通农村、直通农户的有效途径。通过农村党员干部现代远程教育平台，大力开展新农村建设的教育和宣传，增强政府管理部门及生产经营者的信息意识和信息综合利用能力。基层政府是新农村建设的组织管理者，同时，也是信息服务的重要提供者，其管理人员的信息意识和信息利用能力对推进新农村建设起着决定性的作用。要通过多种形式的宣传、教育，提高政府部门工作人员对信息的重要性、严肃性、风险性、时效性的认识。积极鼓励农村基层干部参加现代远程教育的学习，不断提高他们的科技文化素养和信息意识，对加强农村基层党组织和干部队伍建设、促进农村经济的发展具有十分重要的意义。

3. 利用各类农民教育培训资源提高农民信息素养

充分利用县（市、区）社区学院和乡镇社区教育中心、村民学校，把农民信息素养的培养充实到农民素养提升工程、农村劳动力转移培训和农村实用技术培训，有意识地提高农民信息素养。

针对新农村建设的需要，调整专业人才培养结构，重点培养一批能适应国际市场、把握市场信息和能运用现代化管理技术的农村经营决策人才，培养一批有信息技术实际操作能力的基层工作人员。同时，现代信息技术作为农业信息化建设的必备基础，现代信息技术课程应列入农村成人教育各专业的教学计划，使农民大学生尽快掌握运用现代信息技术的基本知识和技能，培养出多层次的农村信息应用人才。

4. 建立农村信息化培训网站，实施在线培训

农村信息化过程需要一大批既精通网络技术，又熟悉农业经济运行规律的专业人才，能为农产品经销商提供及时、准确的农产品信息，能对网络信息进行搜集、整理，能分析市场形势、回复网络用户的电子邮件、解答疑问等。而农村信息技术的面授培训受到师资和时空条件的限制，培训数量有限，难以适应农业信息化建设对信息技术和服务人员的需求。因此，为了长期为广大的农业龙头企业、农产品批发市场、中介组织和经营大户提供网络知识和信息技术的培训，为广大农村计算机爱好者提供交流的场所，必须建立农业信息化培训网站。通过这一虚拟空间，大家不仅可以学到许多计算机及网络知识，而且可以获得大量的信息，学员们通过相互交流学习体会、交流致富经验，真正起到培养信息意识、学习信息技术和农村致富的桥梁作用，也丰富了农村的文化生活。

第二节 收集农业信息

一、收集农业信息的途径

进入21世纪后，社会信息量大幅度增长，为农业生产经营

者收集和利用各方面信息提供了有利的条件，同时，也带来了大量的无用和虚假信息。农业经营管理者要学会以较小的投入收集到较多的有用经营信息，同时，正确运用于农业生产中。

面对变化莫测的市场，怎样才能准确收集市场信息，预测市场变化，掌握市场规律呢？总结收集市场信息的方式，主要有下面6种。

1. 实地市场调查

实地市场调查还可以分成2种不同的方式：一种方式就是留心身边发生的事情，从偶然得到的消息去挖掘市场。只要我们是有心人，多注意身边发生的事情，就可以捕捉到有用的信息；另一种方式就是到各个可能存在市场机会的地方去实地考察，综合分析这些信息以后，再采取行动。去各地实地考察需要花费不少的时间和精力，需要有一定经济实力，有较大生产规模的生产经营者可以采用这种方法。

2. 从广播电视上收集市场消息

由于广播和电视节目具有很强的时效性，不容易被我们记住。就是说，广播和电视节目播出以后，除非多次重复播放，没有什么其他方式可以引起我们注意，并保留这些消息，所以，尽管从广播和电视节目中收集到一些信息，但这种方式不是主要的，不是我们要花很多精力去注意的，而是和对待偶然得到的消息一样，做一个有心人就好。

3. 从报纸上收集市场信息

报纸上的信息是比较及时的，也便于我们随便翻看。通过我们对报纸上很多信息的筛选和判断，选取适合当地状况的信息来经营农产品的生产和销售，往往会取得较好的效果。从报纸上收集信息，比去各地调查，要节省很多的时间和金钱，而且订报纸所花的钱并不多，得到的消息也很及时，是一种很好的寻找市场信息的方式。

4. 经常注意政府有关部门发布的消息

农民朋友要充分利用当地的政府部门提供的消息，尽力开发和占领周边的市场。但要注意，在全国各地负责向农民朋友发布市场消息的政府有关部门可能不同，一般来说，国际市场也需要政府有关部门提供信息。政府部门的国际农产品市场消息，除了农业部发布的消息外，从中国驻外大使馆发回来的消息，经由商务部对外公布的信息，是很值得我们注意的。这样一些消息，往往可以从报纸上、从一些专门的刊物上就可以查看到。农民朋友中采取“公司+基地+农户”的高级经纪人模式，有必要充分利用政府部门发布的国际信息，更进一步地扩大市场规模，或者寻找到新的市场机会。

5. 通过互联网收集

这种方式特点在于：一是无论得到的是国际还是国内信息，都是最新的，快捷且方便；二是可以通过网络直接进行交流咨询，“面对面”的方式更及时、更准确。

6. 积极参加专业合作社

单家独户组织生产闯市场，毕竟势单力薄，难以把握变化莫测的农产品市场。要准确掌握市场信息，因此，最好的办法还是要大家组织起来，建立自己的专业合作社，通过专业合作社来收集、分析、利用市场信息。同时，有条件时可积极参加农产品展销会、农产品信息发布会等与农产品生产和销售相关的会议。参加这些会议不但开阔了眼界、提高了思想和认识水平，还可以宣传自己，找到市场商机，更重要的是认识了更多同行和朋友，建立了更加广泛的生意圈子和关系网络。

二、收集农业信息时需要注意的问题

21 世纪是信息化的社会，社会上的信息很多，收集农业信息并不难，但用较小的投入收集到有用的信息并不容易。在收集农业经营信息时需要注意以下问题。

1. 有明确的目的

在形形色色的信息面前，农业经营管理者始终需要掌握的一点是，农业生产的目的是获取更大的盈利，是取得良好的经济效益。为此，需要在降低生产成本的同时，提高生产的收益。收集的农业生产经营信息要服务于这一目的。

2. 收集有用的信息

面对社会上的大量信息，判断哪些信息是有用的，哪些信息是无用的有一定难度，也需要做大量的工作。根据成功企业的经验，可以用以下 5 个标准判断信息的有用性。

（1）有效性。即该信息用于农业生产中是否可以获得相应的效果，可以提高生产的效率或降低生产的成本，可以解决农业生产中的问题。

（2）可靠性。在收集农业信息时，可靠的信息往往来自权威的信息发布单位，如农业农村部发布的农业信息，专业刊物上专家发布的信息等。

（3）及时性。对于当前生产经营决策中所用的信息最好是实时信息，或者是在有效期内的信息。

（4）准确性。信息不准确的原因是多方面的。信息收集人员的失误，计量工具的不准确，收集人员迎合信息需要者的偏好，以及有意发出的不准确信息都会影响信息的准确程度。即使是权威信息发布单位发布的信息在特定情况下，也会有较大的偏差，利用不准确的信息制定决策必定会产生失误。

（5）全面性。在农业生产中，收集新技术、新产品的信息时还需要注意信息的全面性。在我们看到的有关材料中，各种新技术的信息往往强调其优点的一面，而对于这种技术的缺点、问题、不适用的场合等很少提及。对于新品种也常常是强调其增产、增收的作用，对其缺点和问题很少有详细的说明。此时，需要农业生产单位进一步了解这些新技术、新产品的缺点及问题等，只有掌握全面的信息才能对事物有正确的认识。

3. 适当收集信息

在信息社会中，收集信息要有适当的度，既不要忽视信息的收集工作，也不要过量收集信息。我们收集信息的目的是增加农业生产的收益，一般情况下，只要收集信息的投入小于农业生产增收的产出，就可以认为信息收集的工作量是适当的。如果将投入于农业信息收集的工作用于农业生产的其他方面会有更高的收益时，就可以认为此时农业信息收集的投入量已经过大，需要适当减少这方面的投入，转到农业生产经营工作的其他方面。

第三节　正确运用市场信息

一、对收集的信息进行分析

信息分析包括对信息的鉴别、筛选、汇总、分析、推理等工作，从各类信息中掌握市场变化的动向。主要有以下内容。

1. 对信息进行鉴别

信息鉴别就是对收集的信息进行去伪存真。一般可将不同渠道获得的同一时期的信息进行对照比较，或者将同一渠道获得的不同时期的信息加以对照比较，通过比较，判明信息的真伪。例如，某农户从他人那里得知某种农产品在批发市场上价格上涨，但又同时通过电话联系，知道了价格已经回落，就可以判断所听传言并不准确，避免盲目经营。

2. 对信息进行筛选

信息筛选就是对收集的信息要去粗取精，剔除信息中那些不需要的、多余的内容，抓住实质内容。例如，某农户通过收听广播，得知某大城市自选市场的报道，联想起自己经营的特产——

芋头，立即与自选市场挂钩，将产品全部销售了出去。

3. 对信息进行汇总

信息汇总从 1~2 条信息中往往只能看到市场交易活动的一个侧面，并不能了解全貌，只有对多种信息进行综合分析，才能掌握市场动态。例如，某饲养肉鸡专业户从广播中得知大豆出口量增加的信息，又从市场调查中了解到肉鸡价格趋升，综合这些信息判断饲料价格可能会上升，立即购买了一批较便宜的肉鸡饲料贮存起来。当饲料价格上涨时，便获得了降低饲养成本的好处。

4. 对信息进行分析

信息分析就是要去除信息的表面现象，找到对我们真正有用的实质内容，像剥笋一样，一层一层，由浅入深，逐层深入分析。这样就能从原始信息中得到真正有利用价值的信息。例如，某农户从新闻报道中得知北方数省迅速发展蔬菜大棚的信息，联想到蔬菜大棚增多后，向北方运销鲜菜的成本高，难以与当地大棚鲜菜竞争，但北方蔬菜大棚增多后，肯定对细菜种子的需求量增加，故而改为经营细菜良种，果然取得了较好的效益。

5. 对信息进行推理

信息推理就是经营者运用自己的知识和经验，对收集的市场信息本来的含义上，触类旁通，举一反三，由此及彼，从中寻找重要的市场机会。例如，河北省香河县的一个养牛专业户，从一次偶然的机会中得知省外贸部门组织出口活牛，他立即抓住这一机会，数次到省、部有关部门介绍自己养牛的情况，邀请领导参观自己创办的牛场，争取出口许可，并以优质低价竞争，终于成为河北省出口活牛第一大户，被称为“养牛大王”。

二、对市场信息的利用

对市场信息的利用，最重要的是利用信息来预测市场的变化，这一点也是最困难的。

一是要认真研判国际国内宏观形势。近年来，国家对农业特别重视，每年都出台了有关农业的“1号文件”，从“1号文件”中可以了解大量的政策信息，也可以从中分析出国家未来农业发展的走势。此外我们还可以从电视、报纸、广播、互联网等媒体上看到政府有关农业的很多政策、经济、社会各方面宏观消息，这些信息有助于我们把握大势，了解我们所从事行业的未来趋势。

二是要认真分析判断行业环境变化。如养鸡专业户遇上禽流感，就是一个突发事件，对养禽类的人来说，可以说是致命打击，但我们在经历不幸的同时，也要想到禽流感总是会过去的，以后的禽类市场会怎么样？这才是更重要的。

三是要充分利用行业市场分析报告。这些报告一般都是由专家或从事相关行业多年的资深人士撰写的，对我们的远期预测有很大的作用，可以指导我们及早着手准备，特别是对水果、粮油等季节性强的农产品来说，做到预先准备是非常重要的。

四是要充分利用每日的价格快报。在农业农村部“中国农业信息网”上，每天都发布有全国各地农产品批发市场的价格信息，我们可以从连续一段时间的价格上，分析出这些产品的价格走势，以便指导我们采取及时措施适应市场的变化。很多地方农业部门也建设有本地农产品价格信息平台，提供大量本地农产品市场信息，这些信息，对于我们进行市场预测很有帮助。

五是要借助一些现代分析的手段。对市场的影响是多因素的，仅仅依靠过去的经验是远远不够的，有时经验会带来负面的影响，所以，对于市场的预测要多借助于现代化的工具。例如，用现代统计方法画出价格变动趋势图，用以观察某种商品的价格长期变动趋势，可以增强对市场的预见性。

第四节　发布农业生产经营信息

在农业生产经营中，经营管理者在收集信息的同时，也需要对外发布相关信息。

一、农业生产经营需要发布的信息

农业生产经营需要发布的信息主要包括生产资料需求信息、专业服务需求信息、产品供给信息以及贯穿于整个过程的经营管理信息。

1. 生产资料需求信息

市场上有大量的生产资料销售商，这些生产资料的销售商掌握着不同价格和质量的生产资料。农业经营管理者及时发出对生产资料的需求信息，有助于沟通与供应商的联系，得到所需要的农业生产资料。

2. 服务需求信息

目前，农作物生产从生产前的土壤分析，生产中的机耕、播种到生产后的收割、储存和运输都有专业服务的组织。在畜牧业生产中，从养殖场的设计，种苗的提供，畜禽的防疫，到饲料的供应、产品的运输等也都有专业服务组织。及时发布服务需求信息，联系质量高、收费合理的专业服务队伍，既可保证不误农时，又可以提高工作效率。

3. 产品销售信息

农业生产的绝大多数产品需要通过市场销售。目前虽然有大量的农产品收购商直接找到农业经营者，但为了更有效地完成销售，农业经营者还需要及时发布有关产品销售的信息，使更多的经销商了解当地农业生产的品种、数量、质量等。

4. 经营管理需求

通过发布农业生产所需的劳动力、经营管理人才等相关信息，可以扩大对生产和管理人员的选择面，找到更适合于农业生产的员工，提高农业的生产效率。通过相关信息的发布，还可以找农业生产所需要的土地、水面及扩大农业生产所需要的资金、技术、培训等方面的支持。

二、发布信息的渠道

发布农业经营信息的渠道多种多样，主要有以下几种。

1. 口头传递

口头传递是通过交谈、电话等以口头形式表达需要传递的信息。人员推销是口头传递的一种典型形式，这一方法指销售人员携带一定的宣传材料，口头介绍自己的产品，包括产品的价格、特点、生产单位的联系方法等。发布的口头信息要清楚、明确。发出信息后要守信，有关承诺要落实。

2. 发布广告

对于需要经常发布的信息，还可以采用广告的形式。最简单的广告有农业生产单位的宣传牌，说明本单位的性质、生产的特点和主要产品、联系人、联系方法等。另外，针对相关活动制作的印刷品，以及农产品包装物上的说明等也有广告的作用。如果有特殊的需要，还可以考虑在公众媒体上发布广告。

3. 展览、展销

根据不少农业经营管理者的经验，大多数新产品在相关的展览、展销会上进行宣传，往往能够获得较好的效果。特别是在地区性或专业性的展览、展销会上，由于参会的人员有明确的目的，专业性较强，对农业生产单位发布的信息比较敏感，同时，接收信息的人员多数有一定的决策或建议权，有时只需要有几个大中型生产经营单位的相关人员注意到本单位所发布的信息，就能够收到明显的效果。

4. 专业会议

专业会议集中了相关行业的管理人员或技术人员，在这种专业会议上如果能够发布本单位的信息也会有较好的效果。如林果生产者在饮料专业会议上发布果品生产的信息，粮食生产者在饲料会议上发布饲料粮生产的信息，蔬菜和畜禽生产单位在餐饮行业的会议上发布的农产品生产信息等均属于生产单位向需求单位直接发布的信息，常常可以带来直接的效益。另外，在相关的农业技术研讨会上发布对技术的需求信息，在生产资料行业举行的会议上发布对生产资料的需求信息，同样可能取得直接的效果。

5. 互联网络

随着互联网络的普及，利用互联网发布信息成为农业经营管理者普遍采用的方法。互联网上发布的信息可图文并茂，生动直观，随时更换。同时，在互联网上发布信息的投入不高，技术不复杂，接受信息的区域广泛，有利于将生产的产品介绍到世界各地。

三、发布信息需要注意的问题

1. 信息发布的权限

只有经营负责人才有权力发布农业生产单位的信息，员工和下属未得到许可是不能发布信息的。

2. 保守生产经营机密

生产经营者在发布有关信息时要保守生产经营中的机密，注意不要在发布信息时将企业内部的消息透露出去。如农业生产的成本、价格底线与其他单位的交易情况等。发布信息时只发布让有关单位和人员了解的内容，不要将无关内容也同时发出。如急需某些生产资料的信息发布中不宜将“急需”透露给供应商，否则，在以后合同的谈判中将处于不利的地位。在销售信息发布时也如此，即使是在销售有一定困难，单位急需资金周转的情况下，也不宜将“急需”资金周转这类信息透露给收购商，这样容易让收购商压低农产品的收购价格。

3. 把握机会

对于每个地区或特定的农产品，在特定的时间内发布信息常常有较好的效果。在发布信息时，要注意把握这类的机会。如当地举办与农产品有关的活动时，或外来经销、采购商大量涌入时，或外来人员较多时，此时发布信息可能让更多的专业人员或消费群体所认识，一旦错过这一时间，进行的工作会事倍功半。

4. 突出重点

发布信息的目的是让有关人员认识或感兴趣。由于目前社会上发布的信息数量庞大，让有关人员重视农业经营管理者发布的信息并不容易。这就需要在发布信息前详细分析我们需要解决的主要问题是什么，哪些可能引起相关人员的兴趣，在发布信息时要对发布的内容精心整理以突出重点，发布的内容要短小精悍，一目了然，这样的信息往往会有好的效果。

5. 衡量效益

发布信息需要有一定的投入，这就需要对发布信息的方式、方法、力度、投入量等有一定的选择，力求用经济实用的手段，以最小的投入，收集最大的收益。在实际工作中，农业经营管理者发布信息时都不会只用单一的方法，而是多种形式的组合，此时，如何组合才有更好的效果，也需要有一定的衡量。从信息的发布到取得效益有时需要有一个过程，对于不能立竿见影的信息，也需要在一定的时间内坚持发布，让有关的经销商对生产单位的需求等有更深的印象和了解。

第七章　善经营，会管理

第一节　农业生产管理

一、种植业的生产管理

（一）粮食和油料作物的生产管理

粮食和油料作物的生产品种很多，主要是玉米、水稻、大豆、小麦、谷子、高粱、荞麦、小豆、向日葵和芝麻等。尽管这些作物生长特点不同，但在生产管理上也有一些基本要求。主要是掌握各种作物的生长特性，如作物的生长期，对温度、水分、光照、土壤的要求和对矿物质营养的需求；要了解作物轮作，整地与施肥，及时播种，田间管理，适期收获和收获后的加工、整理、储藏等生产技术。在此基础上，才能根据农作物生长发育和收获加工的实际需要，实施有效地生产管理，从而保证和提高农作物的产品数量及质量。

（二）蔬菜生产的管理

蔬菜生产品种多、周期短、季节性强、复种指数高，栽培技术较为复杂，投入人力、物力和财力较多；蔬菜又是鲜嫩的产品，含水量高，容易腐烂变质，多数不耐储存和长途运输；还要求蔬菜生产达到无公害标准，专业化生产水平较高，需要品种多样，均衡供应，淡季不淡，旺季不烂。

蔬菜生产的方式和管理，目前主要有 3 种：一是露地栽培方式，这在整个蔬菜生产中占比重较大；二是保护地栽培方式，是在塑料大棚和简易温室种植蔬菜；三是温室栽培方式（工厂化生产），对蔬菜的生长发育所需要的条件可以进行人工控制，可全年生产，均衡供应，在解决淡季蔬菜供应中发挥了较大的作用。但投资大、成本高。家庭农场在蔬菜生产中，应根据自身条件，选择适宜的方式，采用先进的科学技术，改善蔬菜生产条件，提高蔬菜储藏和加工能力。

（三）果树生产的管理

果树生产的特点，有利于充分利用土地、劳动力和自然资源，改善居住环境。果树适应性强，山地和瘠薄土地均可栽植，是家庭农场发展多种经营的较好生产项目。果树是多年生植物，适应性比较强，既可以取得较高的经济收入，又可以保护生态环境。但是，果树生产一般是在较长时间内连续投资才能收益，投资回报期较长。根据以上特点，家庭农场进行果树生产应当因地制宜选择树种，实行果粮结合、果林结合，以短养长。在发展果树生产的同时，相应地发展果品加工业，增加经济收入。

在果树生产园地的建设和管理上，首先要根据本地的气候、土壤性质、地势、水源和相关条件，选择好果树生产园地。其次是对果园进行科学规划。建果园是长期生产，一定要做好发展规划，要合理确定果园面积、生产规模和果树品种。还要对果树的栽植地段、品种搭配、行列距离、光照、通风、施肥、灌溉、排水和田、林路、渠等统筹安排，以便于管理。

（四）在种植业生产管理上应注意的几个问题

1. 应注意种植品种的选择

现代生物技术打破了动物、植物、微生物之间的界限，实现了基因间的界间转移。许多新的种植业品种问世，极大地拓宽了家庭农场选择的余地。新的品种往往有更快的生长速度、更高的营养价值、更强的抗病能力与反季节生长，成为市场上的热销品。

2. 应注意采用精确种植模式

我国农村传统上实行大田种植，不注意对不同条件的地块实行不同的供水、施肥措施。有的地块，肥过多造成资源浪费；有的地块，肥、水不足，植物长势不好。现代精确种植农业讲究根据不同的土壤条件，精确供水、施肥、收割等，可以节约成本，提高水资源和肥料的利用率。目前，家庭农场可以重点发展节水、节肥的精确农业技术；还可发展精确设施农业，在小范围内控制植物的生长条件，如在温室大棚内精确给肥、给水，达到高产速产的目的。就精确种植业的发展趋势来看，一些发达国家已发展到通过全球卫星定位系统，对大田不同的地块进行精确定位，将这些小地块土壤样品的数据，输入到播种机械的电脑中，现在可精确到一平方米以内的地块。人们可以就此对每一小块地进行不同的施肥、播种，完全做到定位、定量，提高种子和肥料的利用率，保护农业资源和环境质量，达到高产或保护生态的目的。

3. 应注意采用设施种植

采用农业设施是人为地改变自然环境、人工设置最适宜于动植物生长的小环境，达到增加产量、改善品质、延长生长季节等目的。在我国采用的设施农业生产技术主要有塑料薄膜日光温室技术、塑料薄膜大、中、小棚技术、温床技术等。

4. 应注意可持续性生产

长久以来，不少地方毁林开荒、过度放牧、大量施用化肥和农药，致使土质盐碱化、沙漠化，水土流失严重，土质退化。持续高产农业以提高单产为主攻方向，在集约化和科学管理下，达到高投入、高产出、高效率并重持续发展的目的。因此，发展持续高产农业是大势所趋。例如，发展作物轮作制，以减少杂草、病虫害，提高土壤成分的替代来源，减少由农业化学品使用而引起的水土资源污染的危险性；推广对自然界、对生产者和消费者无害的病虫害控制战略，其中，包括病虫害综合管理技术，即采用诸如抗病性栽培品种、栽培时间的调整以及病虫害的生物控制的方法，减少对杀虫剂的需求；增加机械和生物的杂草控制及水土保持措施，增加动物粪便和绿肥的使用，以增加土壤的营养物质和有机质；选用对人类、牲畜和环境无害、高效、低毒、无残留的农药，如广泛使用生物农药。充分认识到绿色无污染食品已是现代人类饮食消费的一大特点。

二、畜牧业的生产管理

（一）家庭农场畜牧业生产的特点

畜牧业是利用动物的生理机能，通过饲养、繁殖取得动物产品或役用牲畜的生产行业，是农业的重要组成部分。家庭农场的畜牧业是通过饲养动物将饲料转化为营养丰富和人类乐用的肉、奶、蛋、毛。同时，为种植业提供有机肥料。畜牧业的特点如下。

1. 畜牧业生产条件要求较高

畜牧业生产对象是有生命的动物性产品，在自然灾害、疫病袭击和自然条件不适应的情况下，动物不仅容易死亡，还会使繁殖成活率和畜产品生产量下降，而且在短时间内难以恢复。因此，要努力创造良好的饲养条件，做好疫病防治工作，使畜禽健康生长。

2. 畜牧业生产周期比农作物要长

一般来说，家畜的生产周期是：猪 1 年、羊 2 年、牛 3 年。因此，要选用优良畜禽品种，采用先进饲养管理技术，加快畜禽出栏。

3. 畜产品具有鲜活性

畜产品在储藏、运输过程中容易损失和腐烂变质，所以，要特别做好畜产品的冷冻、储藏、加工、运输工作以及市场调查和市场预测工作，使畜禽生产能够符合市场的需要，让消费者购买到新鲜的畜产品。

4. 畜产品价值高，综合利用性强

畜产品几乎没有废弃物，是价值较高的商品。因此，家庭农场应以养殖业为基础，开展加工配套的生产经营，积极提高畜产品的综合利用水平，获得更大的经济效益。

5. 畜牧业生产对种植业有较强的依赖性

畜牧业需要大量的饲料，同时，又能给种植业提供大量的肥料。通过综合性经营，可以把畜牧业和种植业有机地结合起来，根据当地的生产习惯，给予两者不同的主次地位。

（二）畜种选择

由于不同畜种对饲料和饲养技术等要求存在很大的差异，家庭农场选择畜禽品种主要应考虑以下 3 个主要因素。

1. 市场需求

选择畜禽品种必须充分考虑市场需求的发展趋势，切忌凭主观臆想，盲目选择。主要是通过市场调查，了解大量的有关信息，再去分析、比较、评价，选择市场前景看好的畜禽品种，这样才能使自己的经营项目同市场需求相适应，以利于获得良好的经济效益。

2. 饲料供应状况

畜禽种类、品种、畜龄，体积大小不同对饲料要求存在差异。选择畜禽品种，必须考虑在本地区能够买到所需要的饲料，并有稳定的饲料来源，保证畜禽正常生长、发育的需要。一般地说，饲料粮多的地区宜选择猪、鸡等杂食畜禽，饲草多的地区宜选择牛、羊、鹅等草食畜禽。

3. 家庭农场自身条件

家庭农场资金、技术装备、劳动力、饲养经验、熟练程度等对畜种选择也会产生影响。资金雄厚可选择投资较多的畜种，如牛、羊。反之，则选择需投资较少的畜禽，如猪、鸡、鸭、鹅等。饲养经验和熟练程度也要作为条件考虑。

此外，选择畜种还应考虑一些其他条件，如当地气候条件，社会化服务能力，如防疫能力等。选择畜禽品种必须考虑到影响畜种选择的各种因素，并在此基础上进行综合分析，根据条件去选择。

（三）畜群结构

畜群指饲养或放牧的同类畜种群体单位。畜群结构是指在一定时期内，某一畜种按性别、年龄、用途划分的各畜组在畜群总头数中所占的比重。

确定合理的畜群结构，才能保证畜群再生产过程的正常进行，才能达到预期的生产目的和经济效益。畜群结构包括 3 个组成部分：即用于繁殖的基本母畜和种公畜头数；用于更新和扩大繁殖的后备畜头数；用于育肥的幼畜和育肥畜头数。

影响畜群结构的因素如下。

1. 自然经济条件及饲养管理水平

气候、饲养资源、资金、技术和设备等条件的好坏，饲养管理水平的差异，都会直接关系到成畜的繁殖成活率和幼畜死亡率的高低。

2. 饲养成畜的用途和效益

饲养成畜的用途和效益是会影响畜群的结构。例如，乳用牛群，母畜的比重大于肉用牛群；毛用为主的羊群，母畜的比重则小于肉用或皮用羊群；以外向销售为主的养殖场，母畜比重必然较大。

3. 畜禽的生长发育及繁殖规律

大牲畜一般性成熟晚，怀孕期长，产仔少，饲养周期和使用期限长，母畜占的比重宜较大，后备畜、幼畜所占的比重可较小；小牲畜一般繁殖率高，应增大后备畜、幼畜比重，以维持正常的畜群结构。

4. 畜禽的配种方式和配种技术水平

采用自然交配方式的，所需要的种公畜就多。人工授精配种，则种公畜所占比重就小。用冷冻精液配种，可以不养公畜。

影响畜群结构的各种因素是错综复杂、发展变化的。每个家庭农场应根据上述各种因素及其变化情况，进行分析研究，因地制宜，合理调整畜群结构，以适应畜牧业生产发展的要求。

三、渔业的生产管理

（一）渔业生产的特点

渔业生产既是自然再生产的过程，又是社会再生产的过程，两者相辅相成。一方面渔业的自然生产以水体为媒介，其载鱼量是有限制的，且鱼体生长周期性长，季节性强，应充分把握水体产鱼的阶段性与生产潜力；另一方面，渔业生产时，又需要人来组织安排，使各项生产措施适应渔业生产的自然规律。渔业生产的地域差异明显，对于不同水域的不同生产方式，其产量和效益有很大差异。因此，在组织渔业生产时应考虑生产的布局，选择合适的饲养方式。如采用混养或综合养鱼，采用网箱或工厂化养鱼，会产生不同的收益。

渔业生产的对象在水体中不易看见，需要科学的饲料与管理的手段。如我国池塘养鱼传统的“八字精养法”——水、种、饵、密、混、轮、防、管措施是一种经验的总结，在现代渔业生产管理中仍有重大价值。

渔业生产与农业其他部门的生产联系极为密切。一方面渔业生产主要依赖农业生产和产品，如饲料和饵料来源于种养殖业；另一方面，渔业为主体，带动许多部门的发展。

（二）在渔业生产管理上应注意的几个问题

1. 选种

鱼类生产的选种非常重要。人们利用现代生物技术培育出了许多具有优良性状的新品种，个体大，肉质鲜美，病虫害少，成活率高。

2. 注意采用集约化养殖模式

我国传统上采用池塘养鱼技术，其鱼产量约占淡水养殖总量的3/4。特点是成本低（养殖鱼类食物链短，很少用精料，采用混养方式，充分利用饵料和水体）、产量高。有条件的家庭农场可以选择集约化养鱼技术，虽然成本高些，但其产量更高、效益更好。

3. 特种水产品的养殖

青、草、鲢、鲤、鲫、鳊6种鱼是长期生产实践中选定的优良品种，是淡水渔业的主体。在稳住"当家鱼"的同时，家庭农场也要根据市场需求，因地制宜地发展特种水产品。特种水产品包括鱼类、两栖类和无脊椎动物中的某些水生种类。由于特种水产品能满足市场上求新、求异的消费心理，因而在一段时期内会呈现俏销的势头，家庭农场可以有较多的赢利。但是饲养特种水产品的技术往往不成熟，人们消费量小，市场需求变化大，风险较高。家庭农场在经营特种水产品时，第一要掌握完整的生产技术；第二要认识到，每一种特种产品都有一个被市场接受，受市场欢迎，被市场淘汰的过程，家庭农场管理者要心中有数。当市场需求变化时要迅速调整自己的生产结构，收缩生产或转产。

【相关案例】

懂技术、会管理的优秀农民

1975年出生于潢川县付店镇新春村的张新生，是一名地地道道的农民。为了生活，年仅18岁的他外出打工，在海南省三亚南繁育种基地给农业专家当学徒，挑了 3 年农家肥，打了 3 年植保药，几乎干过所有的农活。在海南省打工的 20 多年时间，他不仅学会了诸多种植养殖技术，还掌握了现代农业经营管理模式。从一个懵懂无知的青年，蜕变为一名具有先进知识水平的新型农民，成为远近闻名的农业种植养殖“专家”。

心系家乡，返乡创业

让张新生痛心的是，家乡还是坚守着传统的农业生产方式。大多数青壮年劳力外出打工，留守的都是老人和儿童，“空心村”比比皆是，大量肥沃的土地被闲置、撂荒。

即使多年在外，故乡一直都是张新生魂牵梦绕的家园。日夜思念着贫穷的家乡，张新生想用自己学到的农业知识和管理经验，彻底改变家乡的面貌。2010 年，张新生放弃在海南优厚的待遇，返乡创业成立了潢川县金塔红种植养殖专业合作社。

10 余年转瞬即逝，张新生的合作社得到了长足发展：从成立之初流转土地 420 亩发展到 2 700 亩；各类农机设备从最初的 10 余台发展到 60 余台（套）；员工从当初的 20 余人发展到今天的 50 多人。合作社紧紧围绕“依靠科技、做强、做精，打造高效的生态农业”的经营理念，因地制宜，量力而行，在滚动中发展，在探索中壮大。截至 2018 年年底，合作社经营收入突破 1 500 万元，带动 200 户农民增收，吸纳 100 余名贫困人口就近务工。

科技引领，促民致富

合作社自创立之初，即高度重视科技在生产过程中的关键作用，以科技推广助推生产发展，使物理防治病虫害、测土配方施肥、生物秸秆反应堆肥技术得到普及利用，受益农民 600 余人，涌现出科技带头人 20 多人。

张新生根据合作社需要帮扶98户贫困户的实际情况，采取“一村一品”“一户一策”的思路，开展产业帮扶：对没有创业能力的贫困户，招收其进合作社打工，每年收入不低于1万元；对有创业能力的贫困户，进行蔬菜大棚租赁，帮助贫困户种植反季节蔬菜；对有养殖经验的贫困户，购买种牛、种羊让其养殖。合作社对贫困农户采取统一供种供苗、统一提供农机具、统一供应农资、统一提供技术服务、统一包装、统一销售的“六统一”服务模式，资金由合作社统一垫付，待蔬菜销售后统一结算，减轻了贫困户的种植风险。

2019年年初，张新生又流转1 500亩荒地建设一个融林果生产、生态观光、休闲体验、农业科普为一体的生态农业园区。园区建成后，将大幅增加农民就业岗位和提高农民收入，为实现农业强、农村美、农民富作出新的贡献。

这就是张新生，一个会管理、懂技术、爱学习、有经验的优秀农民，一个在产业发展、精准帮扶、促民致富等方面取得成绩的先进代表。

第二节 农产品认证管理

认证是指由认证机构证明产品、服务、管理体系符合相关技术规范的强制性要求或者标准的合格评定活动。

一、无公害农产品认证

无公害农产品认证管理机关为农业农村部农产品质量安全中心。农业农村部农产品质量安全中心负责组织实施全国的无公害农产品认证工作。根据《无公害农产品管理办法》（农业农村部、国家质检总局第12号令），无公害农产品认证分为产地认定和产品认证，产地认定由省级农业行政主管部门组织实施，产品认证由农业农村部农产品质量安全中心组织实施，获得无公害农产品产地认定证书的产品方可申请产品认证。无公害农产品定位是保障基本安全、满足大众消费。无公害农产品定位是保障基本安全、满足大众消费。无公害农产品认证是政府行为，认证不收费。

凡生产无公害产品目录内的产品，并获得无公害农产品产地认定证书的单位和个人，均可申请产品认证。无公害农产品认证的一般程序是：申请产品认证的单位和个人（以下简称申请人），可以通过省、自治区、直辖市和计划单列市人民政府农业行政主管部门或者直接向农业农村部农产品质量安全中心申请产品认证并提交材料，经过文审、现场检查（必要时）、产品抽样检验、全面评审、合格者颁发证书。证书的有效期是3年。具体程序如下。

（1）满足条件的单位和个人，可以直接向所在县及农产品质量安全工作机构（以下简称“工作机构”）提出无公害农产品产地认定和产品认证一体化申请，并提交以下材料：①《无公害农产品产地认定与产品认证（复查换证）申请书》；②国家法律法规规定申请者必须具备的资质证明文件（复印件）；③无公害农产品生产质量控制措施；④无公害农产品生产操作规程；⑤符合规定要求的《产地环境检验报告》和《产地环境现状评价报告》或者符合无公害农产品产地要求的《产地环境调查报告》；⑥符合规定要求的《产品检验报告》；⑦规定提交的其他相应材料。

申请产品扩项认证的，提交材料①④⑥和有效的《无公害农产品产地认定证书》。

申请复查换证的，提交材料①⑥⑦和原《无公害农产品产地认定证书》和《无公害农产品认证证书》复印件，其中，材料⑥的要求按照《无公害农产品认证复查换证有关问题的处理意见》执行。

（2）同一产地、同一生长周期、适用同一无公害食品标准生产的多种产品在申请认证时，检测产品抽样数量原则上采取按照申请产品数量开二次平方根（四舍五入取整）的方法确定，并按规定标准进行检测。申请之日前两年内部、省监督抽检质量安全不合格的产品应包含在检测产品抽样数量之内。

（3）县级工作机构自收到申请之日起10个工作日内，负责完成对申请人申请材料的形式审查。符合要求的，在《无公害农产品产地认定与产品认证报告》（以下简称《认证报告》）签署推荐意见，连同申请材料报送地级工作机构审查。不符合要求的，书面通知申请人整改、补充材料。

（4）地级工作机构自收到申请材料、县级工作机构推荐意见之日起15个工作日内，对全套申请材料进行符合性审查，符合要求的，在《认证报告》上签署审查意见（北京、天津、重庆等直辖市和计划单列市的地级工作合并到县级一起完成），报送省级工作机构。不符合要求的，书面告知县级工作机构通知申请人整改、补充材料。

（5）省级工作机构自收到申请材料及县、地两级工作机构推荐、审查意见之日起20个工作日内，应当组织或者委托地县两级有资质的检查员按照《无公害农产品认证现场检查工作程序》进行现场检查，完成对整个认证申请的初审，并在《认证报告》上提出初审意见。

通过初审的，报请省级农业行政主管部门出具《无公害农产品产地认定与产品认证现场检查报告》并及时报送部门各业务对口分中心复审。

未通过初审的，书面告知地县级工作机构通知申请人整改、补充材料。

（6）本工作流程规范未对无公害农产品产地认定和产品认

证作调整的内容，仍按照原有无公害农产品产地认定与产品认证相应规定执行。

(7) 农业农村部农产品质量安全中心审核颁发《无公害农产品证书》前，申请人应当获得《无公害农产品产地认定证书》或者省工作机构出具的产地认定证明。

二、绿色食品认证

绿色食品认证由中国绿色食品发展中心开展。中国绿色食品发展中心成立于 1992 年，是负责全国绿色食品开发和管理工作的专门机构，隶属农业农村部，与农业农村部绿色食品管理办公室合署办公。内设：综合处、标志管理处、认证处、科技与标准处、计划财务处、国际合作处等部门。在全国组建设立了 42 个地方绿色食品管理机构，定点委托了 38 个绿色食品产品质量检测机构，71 个绿色食品产地环境监测机构。

申请人必须是企业法人，社会团体、民间组织、政府和行政机构等不可作为绿色食品的申请人。同时，还要求申请人具备以下条件：具备绿色食品生产的环境条件和技术条件；生产具备一定规模，具有较完善的质量管理体系和较强的抗风险能力；加工企业须生产经营一年以上方可受理申请。有下列情况之一者，不能作为申请人：与中心和省绿办有经济或其他利益关系的；可能引致消费者对产品来源产生误解或不信任的，如批发市场、粮库等；纯属商业性的企业（如百货大楼、超市等）。

申请认证产品条件：按国家商标类别划分的第 5、第 29、第 30、第 31、第 32、第 33 类中的大多数产品均可申请认证；以“食”或“健”字登记的新开发产品可以申请认证；经卫生部公告既是药品也是食品的产品可以申请认证；暂不受理油炸方便面、叶菜类酱菜（盐渍品）、火腿肠及作用机理不甚清楚的产品（如减肥茶）的申请；绿色食品拒绝转基因技术。由转基因原料生产（饲养）加工的任何产品均不受理。

绿色食品认证的程序：企业提交申请和相关材料，经过文审（必要时省绿色食品办公室到现场指导）、现场检查，同时，安排环境质量现状调查和产品抽样，检查结果、环境检测和产品检测报告汇总后，合格者颁发证书。证书有效期是3年。具体认证程序如下。

1. 认证申请

申请人填写并向所在省绿色食品办公室（简称省绿办，下同）递交《绿色食品标志使用申请书》《企业及生产情况调查表》及材料：保证执行绿色食品标准和规范的声明、生产操作规程（种植规程、养殖规程、加工规程）、公司对“基地+农户”的质量控制体系（包括合同、基地图、基地和农户清单、管理制度）、产品执行标准、产品注册商标文本（复印件）、企业营业执照（复印件）、企业质量管理手册、要求提供的其他材料（通过体系认证的，附证书复印件）。

2. 受理及文审

省绿办收到上述申请材料后，进行登记、编号，5个工作日内完成对申请认证材料的审查工作，并向申请人发出《文审意见通知单》，同时抄送中心认证处。申请认证材料不齐全的，要求申请人在收到《文审意见通知单》后10个工作日提交补充材料。申请认证材料不合格的，通知申请人本生长周期不再受理其申请。

3. 现场检查、产品抽样

省绿办应在《文审意见通知单》中明确现场检查计划，并在计划得到申请人确认后委派2名或2名以上检查员进行现场检查。检查员根据《绿色食品检查员工作手册》（试行）和《绿色食品产地环境质量现状调查技术规范》（试行）中规定的有关项目进行逐项检查。现场检查和环境质量现状调查工作在5个工作日内完成，完成后5个工作日内向省绿办递交现场检查评估报告和环境质量现状调查报告及有关调查资料。现场检查合格，可以安排产品抽样；现场检查不合格，不安排产品抽样。

4. 环境监测

绿色食品产地环境质量现状调查由检查员在现场检查时同步完成。经调查确认，产地环境质量符合《绿色食品产地环境质量现状调查技术规范》规定的免测条件，免做环境监测。根据《绿色食品产地环境质量现状调查技术规范》的有关规定，经调查确认，必须进行环境监测的，省绿办自收到调查报告2个工作日内以书面形式通知绿色食品定点环境监测机构进行环境监测，同时，将通知单抄送中心认证处。定点环境监测机构收到通知单后，在40个工作日内出具环境监测报告，连同填写的《绿色食品环境监测情况表》，直接报送中心认证处，同时，抄送省绿办。

5. 产品检测

绿色食品定点产品监测机构自收到样品、产品执行标准、《绿色食品产品抽样单》、检测费后，20个工作日内完成检测工作，出具产品检测报告，连同填写的《绿色食品产品检测情况表》，报送中心认证处，同时，抄送省绿办。

6. 认证审核

省绿办收到检查员现场检查评估报告和环境质量现状调查报告后，3个工作日内签署审查意见，并将认证申请材料、检查员现场检查评估报告、环境质量现状调查报告及《省绿办绿色食品认证情况表》等材料报送中心认证处。中心认证处收到省绿办报送材料、环境监测报告、产品检测报告及申请人直接寄送的《申请绿色食品认证基本情况调查表》后，进行登记、编号，在确认收到最后1份材料后2个工作日内下发受理通知书，书面通知申请人，并抄送省绿办。中心认证处组织审查人员及有关专家对上述材料进行审核，20个工作日内作出审核结论。审核结论为

“有疑问，需现场检查”的，中心认证处在2个工作日内完成现场检查计划，书面通知申请人，并抄送省绿办。得到申请认证后，5个工作日内派检查员再次进行现场检查。审核结论为“材料不完整或需要补充说明”的，中心认证处向申请人发送《绿色食品认证审核通知单》，同时，抄送省绿办。申请人需在20个工作日内将补充材料报送中心认证处，并抄送省绿办。审核结论为“合格”或“不合格”的，中心认证处将认证材料、认证审核意见报送至绿色食品评审委员会。

7. 认证评审

绿色食品评审委员会自收到认证材料、认证处审核意见后10个工作日内进行全面评审，并作出认证终审认证。结论为“认证不合格”，评审委员会秘书处在作出终审结论2个工作日内，将《认证结论通知单》发送给申请人，并抄送省绿办。本生长周期不再受理其申请。

8. 颁证

中心在5个工作日内将办证的有关文件寄送给“认证合格”的申请人，并抄送省绿办。申请人在60个工作日内与中心签订《绿色食品标志商标使用许可合同》。

二、有机产品认证

根据国家质检总局2004年颁布的《有机产品认证管理办法》规定：有机产品认证机构应当依法设立，具有《中华人民共和国认证认可条例》规定的基础条件和从事有机产品认证的技术能力，并取得国家认监委确定的认可机构（以下简称认可机构）的认可后，方可从事有机产品认证活动。到2009年年底，经国家认监委认可的专职或兼职有机认证机构总共包括杭州万泰认证有限公司、北京中绿华夏有机食品认证中心、中国质量认证中心等32家。同时，《有机产品认证管理办法》还规定：国家制定统一的有机产品认证基本规范、规则，统一的合格评定程序、统一的标准、统一的标志。国家认证认可监督管理委员会颁布的《有机产品认证实施规则》（2005）、中国合格评定国家认可委员会颁布的《实施有机产品认证的认证机构认可方案》（2009）均有对有机产品的认证活动的相关规定。

中国有机食品发展中心（OFDC）主要负责有机食品标志管理和有机食品标志、有机食品证书的审批和管理，监督标志的使用，定期向社会公布授予有机食品标志的食品目录。有机证书的有效期是1年。

申请人/生产者符合下列条件之一，予以批准认证：生产活动及管理体系符合认证标准的要求；生产活动、管理体系及其他相关信息不完全符合认证标准的要求，认证机构提出的整改要求，申请人已经在规定的期限内完成整改；已经提交整改措施并有能力在规定的期限内完成整改以满足认证要求的，认证机构经过验证后可批准认证。

申请人/生产者的生产活动存在以下情况之一，不予批准认证：未建立管理体系或建立的管理体系未有效实施；使用禁用物质；生产过程不具有可追溯性；未按照认证机构规定的时间完成整改或提交整改措施；所提交的整改措施未满足认证要求；其他严重不符合有机标准要求的事项。有机食品具体认证程序如下。

1. 申请

申请人向有机认证机构提交《有机食品认证申请书》《有机食品认证调查表》以及《有机食品认证书面资料清单》要求的文件，并按要求准备相关材料。申请人按《有机产品》国家标准第四部分的要求，建立本企业的质量管理体系、质量保证体系的技术措施和质量信息追踪及处理体系。

2. 文件审核

有机认证机构对申报材料进行文件审核。审核合格，有机认证机构向企业寄发《受理通知书》《有机食品认证检查合同》。审核不合格，认证中心通知申请人且当年不再受理其申请。根据《检查合同》的要求，申请人交纳相关费用，以保证认证前期工作的正常开展。

3. 实地检查

有机认证机构派出有资质的检查员。对申请人的质量管理体系、生产过程控制体系、追踪体系以及产地、生产、加工、储存、运输、贸易等进行实地检查评估。必要时，检查员需对土壤、产品抽样，由申请人将样品送交指定的质检机构检测。

4. 编写检查报告

检查员完成检查后，按有机认证机构要求编写检查报告。检查员在检查完成后两周内将检查报告送达有机认证机构。

5. 综合审查评估意见

有机认证机构根据申请人提供的申请表、调查表等相关材料以及检查员的检查报告和检验报告等进行综合审查评估，编制颁证评估表，提出评估意见并报送技术委员会审议。

6. 颁证决定

认证决定人员对申请人的基本情况调查表、检查员的检查报告和有机认证机构的评估意见等材料进行全面审查，作出同意颁证、有条件颁证、有机转换颁证或拒绝颁证的决定。证书有效期为1年。

7. 有机食品标志的使用

根据证书和《有机食品标志使用管理规则》的要求，签订《有机食品标志使用许可合同》，并办理有机食品商标的使用手续。

8. 保持认证

（1）有机食品认证证书有效期为1年，在新的年度里，有机认证机构会向获证企业发出《保持认证通知》。

(2) 获证企业在收到《保证认证通知》后，应按照要求提交认证材料、与联系人沟通确定实地检查时间并及时缴纳相关费用。

(3) 保持认证的文件审核、实地检查、综合评审、颁证决定的程序同初次认证。

【相关链接】

三种认证产品的联系

(1) 无公害农产品、绿色食品、有机产品都是经质量认证的安全农产品。

(2) 无公害农产品、绿色食品、有机产品都注重生产过程的管理，无公害农产品和绿色食品侧重对影响产品质量因素的控制，有机产品侧重对影响环境质量因素的控制。

(3) 无公害农产品是绿色食品和有机产品发展的基础，绿色食品和有机产品是在无公害农产品基础上的进一步提高。无公害农产品、绿色食品和有机产品仅从生产环节中对不安全因素控制的严格程度来讲，属于安全食品由基本要求到严格要求的3个不同层次，三者的关系正如我国安全食品的“金字塔结构”。

第三节　农产品品牌建设

一、品牌的概念

品牌是给拥有者带来溢价、产生增值的一种无形的资产，它的载体是用于和其他竞争者的产品或劳务相区分的名称、术语、象征、记号或者设计及其组合，增值的源泉来自于消费者心智中形成的关于其载体的印象。

品牌有广义和狭义之分。广义的“品牌”是具有经济价值的无形资产，用抽象化的、特有的、能识别的心智概念来表现其差异性，从而在人们的意识当中占据一定位置的综合反映。狭义的“品牌”是一种拥有对内对外两面性的“标准”或“规则”，是通过对理念、行为、视觉三方面进行标准化、规则化，使之具备特有性、价值性、长期性、认知性的一种识别系统总称。这套系统我们也称之为 CIS（corporate identity system）体系。

现代营销学之父科特勒在《市场营销学》中对品牌的定义：品牌是销售者向购买者长期提供的一组特定的特点、利益和服务。

品牌承载的更多是一部分人对其产品以及服务的认可，是一种品牌商与顾客购买行为间相互磨合衍生出的产物。

二、农产品品牌形成的基础

农产品是人类赖以生存的主要商品，也是质量隐蔽性很强的商品，需要利用品牌进行产品质量特征的集中表达和保护。农产品品牌战略是通过品牌实力的积累，塑造良好的品牌形象，从而建立顾客忠诚度，形成品牌优势，再通过品牌优势的维持与强化，最终实现创立农产品品牌与发展品牌。

（1）品种不同。不同的农产品品种，其品质有很大差异，主要表现在营养、色泽、风味、香气、外观和口感上，这些直接影响消费者的需求偏好。品种间这种差异越大，就越容易使品种以品牌的形式进入市场并得到消费者认可。

（2）生产区域不同。“橘生淮南则为橘，生于淮北则为枳。”许多农产品即使种类相同，其产地不同也会形成不同特色，因为农产品的生产有最佳的区域。不同区域的地理环境、土质、温湿度、日照、土壤、气候、灌溉水质等条件的差异，都直接影响农产品品质的形成。

（3）生产方式不同。不同农产品的来源和生产方式也影响农产品的品质。野生动物和人工饲养的动物在品质、营养、口味等方面就有很大的差异；自然放养和圈养的品质差别也很大；灌溉、修剪、嫁接、生物激素等的应用，也会造成农产品品质的差异。采用有机农业方式生产的农产品品质比较好，而采用无机农业生产方式生产的农产品品质较差。

三、农产品品牌建设

农产品品牌建设是一项系统工程，一般要注重以下几个方面。

（1）农产品品牌建设内容主要包括质量满意度、价格适中度、信誉联想度和产品知名度等。质量满意度主要包括质量标志、集体标志、外观形象和口感等要素。价格适中度主要包括定价适中度、调价适中度等。信誉联想度包括信用度、联想度、企业责任感、企业家形象等要素。产品知名度则体现为提及知名度、未提及知名度、市场占有率等。

（2）农产品品牌建设是一个长期、全方位努力的过程，一般包括规划、创立、培育和扩张4个环节。品牌规划主要是通过经营环境的分析，确定产品选择，明确目标市场和品牌定位，制定品牌建设目标。品牌创立主要包括品牌识别系统设计、品牌注册、品牌产品上市和品牌文化内涵的确定等。品牌培育主要内容包括质量满意度、价格适中度、信誉联想度和产品知名度的提升。品牌扩张包括品牌保护、品牌延伸、品牌连锁经营和品牌国际化等。

四、注册商标

通过为农产品注册商标，是形成农产品品牌的最好方式。

1. 注册商标的途径

农民专业合作社对其生产、制造、加工、拣选或经销的商品或者提供的服务需要取得商标专用权的，应当依法向国家工商行政管理总局商标局（以下简称“商标局”）提出商标注册申请。目前，办理各种商标注册事宜有两种途径：一是直接到商标局办理；二是委托国家认可的商标代理机构代理。

直接到商标局办理的，申请人除应按规定提交相应的文件外，还应提交经办人本人的身份证复印件；委托商标代理机构办理的，申请人除应按规定提交相应文件外，还应提交委托商标代理机构办理商标注册事宜的授权委托书。合作社直接办理商标注册事宜的，应到商标局的商标注册大厅办理。商标注册手续比较繁杂，加之注册时间较长，因此，合作社注册商标最好找专业的代理机构，通过专业人员指导，可以降低注册风险，提高商标注册成功率。

2. 商标注册申请所需提交的资料

商标图样，注册商标所要使用的商品或服务范围，合作社营业执照复印件。

3. 商标注册申请程序

先对商标进行查询，如果之前没有相同或近似的，申请人就可以制作申请文件，递交申请。申请递交后的 1~3 个月，商标局会发给《申请受理通知书》，此期间称为形式审查阶段。形式审查完毕后，就进入实质审查阶段，这个阶段大约需 1 年半的时间。如果实质审查合格，就进入公告程序；公告期满，无人提异议的，商标局就会核准注册，颁发《商标注册证》。

根据《中华人民共和国商标法》规定，注册商标的有效期为 10 年，自核准之日起计算。有效期期满之前 6 个月可以进行续展并缴纳续展费用，每次续展有效期仍为 10 年。续展次数不限。如果在这个期限内未提出申请的，可给予 6 个月的宽展期。若宽展期内仍未提出续展注册的，商标局将其注册商标注销并予以公告。

第四节 农产品市场营销

一、农产品市场营销的概念与特点

（一）农产品市场营销的概念

一般来说，农产品市场是由消费者、购买欲望和购买力组成的。农产品市场营销的任务就是通过一定方法或措施激起消费者的购买欲望，在消费者购买范围内满足其对农产品的需求。

农产品经营者的市场营销就是为了实现农产品经营者的目标，创造、建立、保持与目标市场之间的互利交换和关系，而对农产品经营者的设计方案的分析、计划、执行和控制。

农产品市场营销，就是在变化的市场环境中，农产品经营者以满足消费者需要为中心进行的一系列营销活动，包括市场调研、选择目标市场、产品开发、产品定价、产品促销、产品存储和运输、产品销售、提供服务等一系列与市场有关的经营活动。

（二）农产品市场营销的特点

农产品营销的特点和其他产品营销有很多相似性，但因其生产特点、产品特性和消费特点不同，又有与众不同的营销特点。

1. 农产品的生物性、鲜活性

农产品大多是生物性产品，如大米、面粉、蔬菜、瓜果、蛋禽、牛奶、花卉等，具有鲜活性、易腐性，并容易失去其鲜活性。如花卉、鱼、鲜牛奶等，存放时间很短。农产品一旦失去鲜活性，价值就大打折扣。

2. 消费需求的普遍性、大量性和连续性

人们对农产品的消费需求是生存的最基础的需求，农产品的基础性决定了其在需求上具有普遍性，它在满足人们生活基本需求、美化人们的生活等方面发挥着不可替代的作用。而且，数量巨大的人口，决定了对农产品需求的大量性。

另外，由于农产品是人们日常生活所必需的，虽然其生产具有季节性，但农产品的消费却是均衡的，无论是人们的日常消费，还是作为工业生产的原料，是常年和连续的。

3. 农产品品种繁多且可替代性强

一方面，农产品种类规格繁多，无以计数；另一方面，由于农产品的基本功能相似，所含的基本成分类似和基本用途相同，从而造成了农产品之间具有很强的替代性，这些都决定了农产品贸易的复杂性和难度。例如，白菜价格高涨，萝卜的需求就会增加。因此，农产品的生产、保存、技术非常复杂，难度很大。可以说，农产品的生产是技术、资金、劳动力集约化程度很高的产业。

4. 农产品产销矛盾突出、价格波动大

农产品的生产有着较强的季节性与地域性，在产地的生产季节，农产品的上市量非常大，时间也很集中。例如，水果的收获旺季大多在每年的秋季，此时上市的果品特别多，梨、柑橘、苹果等大量水果都集中在此时上市，导致价格下降。又如，柑橘一般只能在南方生产、苹果多在北方生产，所以，北方市场的苹果价格低，而柑橘价格高；南方市场的情况则相反。由于生产的季节性、地域性等原因，导致农产品的价格波动比较大。在供过于求的集中上市季节，产品价格会很低；而在供应不足的淡季，产品的价格会非常高。

5. 农产品的质量受产地因素影响较大

农产品在长期的自然进化过程中形成了与当地自然环境条件相适应的生态习性，因此，农产品的质量在很大程度上受产地的自然环境因素的影响。同一品种的农产品在不同地方栽培有不同的产品质量。例如，新疆维吾尔自治区栽培的哈密瓜可能比在其他地方栽培的哈密瓜要甜得多。

6. 农产品的储藏、运输难

部分农产品属于鲜活产品，容易腐烂，不易于储藏和运输，而且有些农产品单位体积较大而价格相对较低，其运输费用相对较高。因此，一方面，要采取各种灵活有效的促销手段，制定合理的销售价格，力争就地多销快销，减少产品损耗；另一方面，要加强产品的产品化处理，采用先进技术，进行农产品的保鲜和储藏，降低产品储藏腐烂率，并选择灵活的流通方式，保持畅通的运输渠道，利用便捷的交通工具和运输路线，尽量减少运输损失，以取得较好的经济效益，达到农产品经营者营销的目标。

7. 农产品的价值低、利润低

农产品的体积较大、单位体积的价值低，运输、贮藏成本高等。例如，一袋25千克的面粉售价仅几十元，从小麦收购开始，需要经过粮商收购，运输到面粉加工厂、面粉加工厂加工后，送到超市门店，就需要两次长距离的运输及多次搬运，其运输及搬运的成本就得达到10%以上。经营面粉的利润还不如搬运费用。

8. 大宗农产品的营销相对稳定、小宗农产品的营销变化无常

需求量巨大的农产品市场需求及供应量相对稳定，市场变化比较平稳。而小宗农产品的需求变化巨大而供应量相对变化也较大，两者变化重叠或反向导致价格剧烈变化。市场上经常出现的“蒜你很、姜你军”就是典型的例子。

二、农产品的营销策略

（一）农产品营销渠道类型

1. 农产品批发市场销售

农产品批发市场销售是指通过建立影响力大、辐射能力强的农产品专业批发市场来集中销售农产品。

优点：是销售集中和销量大，能够实现快速集中运输、妥善储藏，加工及保鲜。

缺点：①农民经纪人在从事购销经营活动中，一手压低收购价，一手抬高销售价。不仅农民利益受损，而且往往造成当地市场价格信号失真，管理混乱；②专业市场信息传递途径落后、对市场信息分析处理能力差；③市场配套服务设施不健全。

2. 销售公司销售

即通过区域性农产品销售公司，先从农户手中收购产品，然后外销。农户和公司之间的关系可以由契约界定，也可以是单纯的买卖关系。

优点：可以有效缓解“小农户”与“大市场”之间的矛盾。

缺点：①风险高，特别是就通过契约和合同来确立农户与公司关系的模式而言，由于组织结构相对复杂和契约约束力弱等原因，使得这种模式具有较大风险；②销售公司和农户之间缺乏有效的法律规范。

3. 合作组织销售

即通过综合性或区域性的社区合作组织如流通联合体、贩运合作社专业协会等合作组织销售农产品。购销合作组织和农民是利益共沾、风险共担的关系。

优点：既有利于解决“小生产”和“大市场”的矛盾，又有利于减小风险；购销组织也能够把分散的农产品集中起来，为农产品的再加工和增值提供可能。

缺点：合作组织普遍缺乏作为市场主体的有效法律身份，不利于解决销售过程中出现的法律纠纷；合作组织普遍缺乏资金，因而普遍缺乏开拓市场的能力；农民参加合作组织的自愿、自主意识不强，并且其本身的运行缺乏动力，决策风险较高。

4. 贩运大户销售

优点：稳定性好，由于销售大户的收益直接取决于其销量，因而“大户”具有很高的积极性，他们会想尽各种办法，如定点销售与零售商分成等方式来稳定销量。

缺点：贩运大户大多是农民，对市场经济知识缺乏深入了解，销售能力有限，而且他们本人又承担巨大风险，例如，对于进行农产品外运的大户来说，会遇到诸多困难，像天气、运输、行情等因素。

5. 农户直接销售

农产品生产农户通过自家人力、物力把农产品销往周边或其他各地区。

优点：销售灵活；农民的获利大，农户自行销售避免了经纪人、中间商、零售商的盘剥，能使农民获得实实在在的利益。

缺点：销量小，即使是农业生产大户，主要依靠自己的力量销售农产品，毕竟很有限，而且难以形成规模效应；一些农民法律意识、卫生意识淡薄，容易受到城市社区的排斥。

6. 农业企业销售

即农业企业将自己生产的农产品，或加工过的农产品销售给中间商或直接销售给消费者。

优点：一旦有了知名品牌后，企业就可以获得超过产品本身的超额价值。

缺点：一个品牌的创建初期需要投入大量的人力、物力和财力，这也许是很多小的农业企业所不能承受的。

（二）农产品营销策略

1. 高品质化策略

随着人们生活水平的不断提高，对农产品品质的要求越来越高，优质优价正成为新的消费动向。要实现农业高效，必须实现农产品优质，实行“优质优价”高产高效策略。把引进、选育和推广优质农产品作为抢占市场的一项重要的产品市场营销策略。淘汰劣质品种和落后生产技术，以质取胜，以优发财。

2. 低成本化策略

价格是市场竞争的法宝，同品质的农产品价格低的，竞争力就强。生产成本是价格的基础，只有降低成本，才能使价格竞争的策略得以实施。要增强市场竞争力，必须实行“低成本、低价格”策略。加大领先新技术、新品种、新工艺、新机械、减少生产费用投入，提高产出率；要实行农产品的规模化，集约化经营，努力降低单位产品的生产成本，以低成本支持低价格，求得经济效益。

3. 大市场化策略

农产品销售要立足本地，关注身边市场，着眼国内外大市场，寻求销售空间，开辟空白市场，抢占大额市场。开拓农产品市场，要树立大市场观念，实行产品市场营销策略，定准自己产品销售地域，按照销售地的消费习性，生产适销对路的产品。

4. 多品种化策略

农产品消费需求的多样化决定了生产品种的多样化，一个产品不仅要有多种品质，而且要有多种规格。要根据市场需求和客户要求，生产适销对路的各种规格的产品。实行“多品种、多规格、小批量、大规模”策略，满足多层次的消费需求，开发全方位的市场，化解市场风险，提高综合效益。

5. 反季节化策略

因农产品生产的季节性与市场需求的均衡性的矛盾带来的季节差价，蕴藏着巨大的商机。要开发和利用好这一商机，关键是要实行“反季节供给高差价赚取”策略。实行反季节供给，主要有 3 条途径：一是实行设施化种养，使产品提前上市；二是通过储藏保鲜，延长农产品销售期，变生产旺季销售为生产淡季销售或消费旺季销售；三是开发适应不同季节生产的品种，实行多品种错季生产上市。实施产品市场营销策略。要在分析预测市场预期价格的基础上，搞好投入产出效益分析，争取好的收益。

6. 嫩乳化策略

人们的消费习惯正在悄悄变化，粮食当蔬菜吃，黄豆要吃青毛豆，蚕豆要吃青蚕豆，猪要吃乳猪，鸡要吃仔鸡，市场出现崇尚嫩鲜食品的新潮。农产品产销应适应这一变化趋向，这方面发展潜力很大。

7. 土特化策略

近年来，人们的消费需求从盲目崇洋转向崇尚自然野味。热衷土特产品，蔬菜要吃野菜，市场要求搞好地方传统土特产品的开发，发展品质优良特产，风味独特的土特产品，发展野生动物、野生蔬菜，以特优质产品抢占市场，开拓市场，不断适应变化着的市场需求。

8. 加工化策略

发展农产品加工，既是满足产品市场营销的需要，也是提高农产品附加值的需要，发展以食品工业为主的农产品加工是世界农业发展的新方向、新潮流。世界发达国家农产品的加工品占其生产总量的90%，加工后增值2~3倍；我国加工品只占其总量的25%，增值25%，我国农产品加工潜力巨大。

9. 标准化策略

我国农产品在国内外市场上面临着国外农产品的强大竞争，为了提高竞争力，必须加快建立农业标准化体系，实行农产品的标准化生产经营。制定完善一批农产品产前、产中、产后的标准，形成农产品的标准化体系，以标准化的农产品争创名牌，抢占市场。

10. 名片化策略

一是要提高质量，提升农产品的品位，以质创牌；二是要搞好包装，美化农产品的外表，以面树牌；三是开展农产品的商标注册，叫响品牌名牌，以名创牌；四是加大宣传，树立公众形象，以势创牌。要以名牌产品开拓市场。

三、农产品网络营销新模式

（一）网络营销的概念和特点

1. 网络营销的概念

随着因特网的普及和发展，电子商务也开始在经济领域中逐步发挥其举足轻重的作用。而伴随着电子商务的兴起，网络营销的概念也越来越受到人们的重视。

在给网络营销下一个确切的定义前，我们有必要先了解一下什么是营销。营销是个人和群体通过创造并同他人交换产品和价值足以满足需求和欲望的一种社会和管理过程。通俗地说，就是公司总裁和顾客之间的交流，这种交流会影响顾客，让他购买公司的产品或服务。这里说的交流，不仅包括对外的交流（如广告和公共关系），也包括市场调查、顾客群体细分和人口统计研究等活动。

而网络营销是企业以现代营销理论为基础，利用因特网（包括企业内部网和外部网）技术和功能，最大限度地满足客户需求，以达到开拓市场、增加盈利为目标的经营过程。简单地说，网络营销就是以互联网作为传播手段，通过对市场的循环营销传播，满足消费者需求和商家需求的过程。广义地说，凡是以互联网为主要手段进行的、为达到一定营销目的的营销活动，都可以称之为网络营销。也就是说，网络营销是直销营销的最新形式，是由因特网替代了传统媒介，其实质是利用互联网对产品的售前、售中、售后各环节进行跟踪服务。它自始至终贯穿在企业经营的全过程，包括市场调查、客户分析、产品开发、销售策略和反馈信息等方面。确切地说，网络营销是企业整体营销战略的一个组成部分，是建立在互联网基础上、借助于互联网特性来实现一定营销目的的一种营销手段。

为了更深刻地理解网络营销的内涵，我们有必要了解与网络营销概念相关的几个概念。

(1) 数字营销。网络营销与数字营销密切相关，它们其实是一个事物的两个方面。数字营销强调的营销中信息交流所运用到的数字化信息技术，它是互联网的基础。数字化是把文本、数据、声音和图像等转化成“比特”流，都是一连串的“1”和“0”组成的代码表示，惊人地提高了信息传输的速度。数字营销的核心是互联网，但改变的不只是手段，而是营销模式。在这个模式中，消费者虚拟化，消费行为网络化，广告、调查、分销和结算等可转化为数字化的行为。

(2) 许可式营销。许可式营销是另一个与网络营销概念密切相关的概念。“许可”是根据顾客的意愿推销而非强制推销。这也是因特网对传播机制的改变所引来的新概念。传统营销沟通的大众媒体，其信息传播机制是强迫式、单向的；而因特网信息沟通机制是双向的、个性化定向式的，其基本规范是先征得用户的同意和许可，然后按照用户的请求发送相关信息。如果用户在登录注册某网站时表示有房产信息的需求，网站就会将大量最新的房产信息源源不断地发送到他的电子信箱，直到他不再需要为止。

网络营销使我们把市场营销理解为“完整的价值提供过程，并超载公司内部传统的分工界限。”因特网加强了以下 7 种市场营销功能。

①产品和服务营销：产品营销中心、定价、演示、分销、营销计划、伙伴关系和其他市场策略活动。

②销售达成：通过批发商达成订货和购买、许可、顾客基础的论证，完成货品由卖方至买方分销商、中介和销售代表的过程。

③广告和促销：发展和传播形象，强化品牌的说服性信息。

④顾客和业务跟进：测定顾客需求的市场调查，并评估业务

是否满足市场要求。

⑤顾客服务与支持：技术支持、客户服务项目、信息查询、产品注册和保障维护服务。

⑥公司宣传：产品及服务信息、消息报道，对购买者、供货者、承包商、中间商、商务代表和运输商等的信息提供。

⑦顾客沟通：顾客反馈和信息查询。

网络营销的实质是通过网络进行传输的市场营销，它着眼于信息流，使传统市场营销发生了根本的变革。Internet 将营销导向信息经济的环境，网络上的电子空间距离，使各方相隔的“时差”（时间间隔）几乎不复存在。Internet 的开放性和公众参与性，吸引了越来越多的网络用户，上网人数与网络营销的营销额同步激增。企业可以利用 Web 制作介绍自身形象的主页、发布多媒体的虚拟产品清单、电子订单或在线客户支持系统，使 WWW 成为市场营销的新途径。

2. 网络营销的特点

随着互联网技术发展的成熟以及互联网成本的低廉，互联网好比是一种“万能胶”将企业、团体、组织以及个人跨时空联结在一起，使得他们之间信息的交换变得“唾手可得”。市场营销中最重要也最本质的是组织和个人之间进行信息传播和交换。如果没有信息交换，那么交易也就是无本之源。正因如此，互联网具有营销所要求的某些特性，使得网络营销呈现出以下一些特点。

（1）跨时空。营销的最终目的是占有市场份额，由于互联网具有超越时间约束和空间限制进行信息交换，因此，使得脱离时空限制达成交易成为可能，企业可有更多时间和更大的空间进行营销，可每周 7 天，每天 24 小时随时随地地提供全球性营销服务。

（2）多媒体。互联网被设计成可以传输多种媒体的信息，如文字、声音、图像等信息，使得为达成交易进行的信息交换能以多种形式存在和交换，可以充分发挥营销人员的创造性和能动性。

（3）交互式。互联网通过展示商品图像，商品信息资料库提供有关的查询，来实现供需互动与双向沟通。还可以进行产品测试与消费者满意调查等活动。互联网为产品联合设计、商品信息发布以及各项技术服务提供最佳工具。

（4）个性化。互联网上的促销是一对一的、理性的、消费者主导的、非强迫性的、循序渐进式的，而且是一种低成本与人性化的促销，避免推销员强势推销的干扰，并通过信息提供与交互式交谈，与消费者建立长期良好的关系。

（5）成长性。互联网使用者数量快速成长并遍及全球，使用者多属年轻、中产阶级、高教育水准，由于这部分群体购买力强而且具有很强市场影响力，因此，这部分群体是一项极具开发潜力的市场渠道。

（6）整合性。一方面，互联网上的营销可由商品信息至收款、售后服务一气呵成，因此，也是一种全程的营销渠道。另一方面，企业可以借助互联网将不同的传播营销活动进行统一设计规划和协调实施，以统一的传播资讯向消费者传达信息，避免不同传播中不一致性产生的消极影响。

（7）超前性。互联网是一种功能最强大的营销工具，它同时兼具渠道、促销、电子交易、互动顾客服务以及市场信息分析与提供的多种功能。它所具备的一对一营销能力，正是符合定制营销与直复营销的未来趋势。

（8）高效性。计算机可储存大量的信息，代消费者查询，可传送的信息数量与精确度，远超过其他媒体，并能应市场需求，及时更新产品或调整价格，因此，能及时有效了解并满足顾客的需求。

(9) 经济性。通过互联网进行信息交换，代替以前的实物交换，一方面可以减少印刷与邮递成本，可以无店面销售，免交租金，节约水电与人工成本；另一方面可以减少由于迂回多次交换带来的损耗。

(10) 技术性。网络营销是建立在高技术作为支撑的互联网的基础上的，企业实施网络营销必须有一定的技术投入和技术支持，改变传统的组织形态，提升信息管理部门的功能，引进懂营销与计算机技术的复合型人才，未来才能具备市场的竞争优势。

(二) 网络营销与传统市场营销的比较

1. 网络营销与传统营销在环境方面的区别

(1) 市场环境的改变。随着信息时代的到来，互联网逐步普及，市场开始转移到网上，开始由现实走向虚拟。

(2) 媒体的变化。互联网作为新兴媒体开始逐步抢占报纸、广播、电视等传统媒体的阵地。

(3) 消费者不同。目前，消费者的消费倾向开始由大众化消费向个性化消费转变。

(4) 营销职能的不同。在现行的网络营销中，顾客成为“兼职雇员”，从以往的被动转为主动，进而成为参与营销活动必不可少的合作者。

2. 网络营销与传统营销在游戏规则方面的不同

(1) 网络社会的竞争优势不是来自垄断的技术，而是来自吸引和保持顾客的能力。众所周知。Linux 营销方式的成功已经证明，吸引顾客的注意力和留住顾客，将成为营销中压倒一切的首要目标。

(2) 通过降低成本来增强竞争优势。使用互联网可以明显降低运作成本、流通成本和传播成本。例如原来要找一个新顾客需要 20~300 元，而使用互联网只需要 2~3 元。

（3）用虚拟过程来消灭库存。“零库存”在传统营销中很少听到，但在网络营销中通过再造通路、物流、供应链的流程却是比较容易实现的。

（4）网络营销赋予顾客新的涵义。顾客在网络营销中充当的不仅仅是营销的对象和目标，而是亲身参与到营销当中，成为参与者甚至控制者。

（5）传统的与顾客沟通和建立关系的方式不复存在。与顾客打交道全部在网络上进行，面对面的交流被取代。

3. 与传统营销相比网络营销的优势

（1）网络营销是一种以消费者为导向，强调个性化的营销方式。网络营销的最大特点就是以消费者为主导。消费者可以根据自己的个性和需求在互联网所能达到的世界各地寻找自己想要的东西，不再受地域和时间限制。消费者也可以查询更多的产品信息，从而使自己的个别消费心理得到最大程度的满足。

网络营销的这种个性化方向要求厂商重新考虑其策略，一定要把消费者的个性需求作为提供产品和服务的出发点。企业可以将大量的信息以数字化的形式置于互联网上，用极低的成本发送出去并及时根据需要进行修改。这样既节省了成本，又可以根据消费者反馈的信息调整营销的目标和方法或提供个别的服务。

（2）网络的互动性使得全程营销成为可能。不管是传统营销的4P组合，还是网络营销所追求的4C组合，都离不开一个前提，就是企业必须从产品的开发阶段就要充分考虑消费者的需求，即进行全程营销。

但从目前来看，由于缺乏与消费者沟通的有效手段或沟通成本过高，企业往往缺乏足够的资金用于了解消费者的各种潜在需求，只能凭借自身能力或参照市场领导者的策略进行产品开发。而消费者也只能就成品提出批评和建议，触及不到底层的研制或规划。

网络的出现为这个问题的解决提供了一个十分方便且有效的手段。通过互联网，企业可以用很低的成本对营销的全过程进行调查，消费者则有机会对产品从设计到定价和服务等一系列问题发表意见。这种双向互动的沟通方式提高了消费者的参与性和积极性，更重要的是它能使企业的决策有的放矢，从根本上提高消费者的满意度。

(3) 网络营销极大地方便了消费者购物，提高了消费者的购物效率，生活在现代都市里的人们应该都有上街购物的经历。日益丰富的货架，琳琅满目的商品确实给人一种充实感。但随着生活节奏的加快，人们不再去追求货比3家的实惠，讨价还价的快感，而是要充分考虑时间的价值。但一个简简单单的购物却也需要经历挑选、付款结算、包装和取货等几个步骤。再加上购买的路途及等待时间，消费者为购买商品所付出的时间和精力是无法衡量的。其实，当代人们更注重闲暇时间，希望利用闲暇时光进行一些有益于身心的活动，所以，外出购物的时间就越来越少了。

网络的出现给人们购物提供了另一幅画面。在这里，购物不再是一种时间的流逝，而成了一种消遣方式，你可以尽情浏览五彩缤纷的商品，同时，又可以完成你的交易。互联网不仅简化了购物过程，而且还拥有有些传统购物中所享受不到的购物乐趣。首先，网络在售前给消费者提供了许多产品的信息及相关资料，消费者可以足不出户而货比3家，通过合适的性价比来选择自己所需要的商品；其次，消费者不必再去体会交通堵塞和人满为患的痛苦，也不再为不能送货上门而烦恼，网络可以为您解决这些消费难题，您只需轻点鼠标，就可以静等货物进家门了。

总之，网络营销简化了购物环节，节省了消费者的时间和精力，将购买过程中的麻烦减少到最少。

(4) 网络营销可以使消费者获得理想的价格。由于网络营销也为企业节省了巨额的促销和流通费用，从而使产品的成本随之降低，产品的价格也就有了更大的下调空间。消费者可以在全球范围内寻找最优惠的价格，使得企业在价格方面的竞争更加激烈。

消费者迫切需要一种新的快速方便的购物方式和服务，使自身的需求得到最大限度地满足。消费者价值观的这种变革需要网络营销，而网络营销在一定程度上也满足了消费者的这种需求。

(三) 农产品网络营销的对策

1. 在生产环节，实现农业生产的标准化

"互联网+农业"可以从生产环节彻底改造农业，使农业自动化、精准化、可追溯，减少人力，降低成本，并最终实现农产品生产的标准化。应用互联网技术，可以通过各种无线传感器实时采集农业生产现场的光照、温度、湿度等参数及农产品生长状况等信息，再将采集的参数信息汇总整合，最后通过智能系统进行定时、定量、定位处理，及时精确地遥控指定农业设备的开启或是关闭，真正实现"智能化农业"。

2. 在流通环节，创建廉价且高效的销售入口

即可以农业电子商务的形式体现，建立农产品信息平台，大力发展智能农业和农村电商，通过电商进行销售，可以使用户足不出户、舒适便捷地选择到自己心仪的产品，并充分发挥了本地产销企业流半径小、安全控制能力强的本土优势。同时，作为一种新型销售模式，电商也是促进本土农产品实现优质优价的最有效途径之一。还可以利用各类社会化媒体及通讯工具作为农产品提供便利的营销入口，微博、微信、QQ 及 SNS 等都是免费的资源，营销成本极低。

3. 在经营环节，基于互联网思维的“搭平台”，升级农产品经营模式

互联网农业的营销策略良好地运用市场细分理念，运用大数据精准定位目标客户，避免泛化营销；运用无障碍频繁自由的互联网沟通工具，实现与客户的密切互动，不断改进产品质量；互联网平台从根本上改变农业生产和销售的关系，运用大数据分析定位消费者的需求，按照消费者的需求去组织农产品的生产和销售，从而实现农产品的零库存。互联网农业实现了从生产商向服务商转型，使农民、消费者和市场紧密融合。酒香不怕巷子深，农业已经进入营销新时代，将互联网思维用在农产品规格、包装、生产、渠道等环节，可以解决小规模生产问题。而“互联网+”，将给农产品带来颠覆性价值，其绝对不仅仅是渠道的补充，更是让所有企业能够更进一步的接近、理解自己的消费群体，能够定制化推出及引导和满足消费者深层心理需求，又能够秩序为企业贡献巨大利润、提升企业品牌价值和知名度的“战略新品”。

4. 在配套环节，用互联网来提升农村农业金融服务

规模化、信息化、现代化和智能化的农业经营，需要更大的资金投入，我国的农村金融服务并不能满足农民的需要。当前我国互联网农村金融服务主要集中在两个方面。一是小额信贷。农村信贷的主要服务对象多为养殖、餐饮、零售等小规模经营者，因此，信贷额度小，资金分散，相对于大额信贷而言借款人的资金安全更加有保障。小额贷款的农村互联网模式是通过互联网聚集借款人以及投资人，再通过相关风险控制体系筛选有能力的借款人以及投资人，使其对接交易的 O2O 模式。二是农业保险。目前我国商业保险公司开展农业保险的积极性较低，农业保险险种较少，主要是因为农业生产经营风险大、保险赔付率高。通过运用互联网的信息采集能力和大数据分析能力，农业保险的赔付

率高的问题将可以得到显著改善。

5. 在人才培养环节，可以吸纳新知

农民成为农业中坚力量，利用互联网思维和技术，让中产阶级新知识农民投资创业，通过互联网技术实现农业产供销的全程追溯，创造出真正的现代化互联网农业。总之，通过互联网思维的导入，随着互联网知识技术应用到农业经营的各个环节，可以逐步升级传统农业的产业链，提高农产品价值，克服传统农业种种弊端，最终发展成为新型“互联网农业”。

第八章　创新创业

第一节　创新与创业

一、创新的概念

创新是以现有的思维模式提出有别于常规思路的见解为导向，利用现有的知识和物质，在特定的环境中，本着理想化需要或者为满足社会需求而改进或创造新的事物、方法、元素、路径、环境，并能获得一定有益效果的行为。具体来说，创新是指人为了一定的目的，遵循事物发展的规律，对事物的整体或其中的某些部分进行变革，从而使其得以更新与发展的活动。

关于创新的标准，通常有狭义与广义之分。狭义的创新是指提供独创的、前所未有的、具有科学价值和社会意义的产物的活动。例如，科学上的发现、技术上的发明、文学艺术上的创作、政治理论上的突破等。广义的创新是对本人来说提供新颖的、前所未有的产物的活动。也就是说，一个人对问题的解决是否属于创新性的，不在于这一问题及其解决办法是否曾有别人提出过，而在于对他本人来说是不是新颖的。

具体来说，创新主要包括以下 4 种情况。

（1）从生物学角度来看。创新是人类生命体内自我更新、自我进化的自然天性。生命体内的新陈代谢是生命的本质属性。生命的缓慢进化就是生命自身创新的结果。

(2) 从心理学角度来看。创新是人类心理特有的天性。探究未知是人类心理的自然属性。反思自我、诉求生命、考问价值是人类客观的主观能动性的反映。

(3) 从社会学角度来看。创新是人类自身存在与发展的客观要求。人类要生存就必然向自然界索取需要，人类要发展就必须把思维的触角伸向明天。

(4) 从人与自然关系角度来看。创新是人类与自然交互作用的必然结果。

二、创新的特征

创新既是由人、新成果、实施过程、更高效益4个要素构成的综合过程，也是创新主体为实现某种目的所进行的创造性的活动。它的主要特征包括以下几个方面。

1. 创造性

创新与创造发明密切相关，无论是一项创新的技术、一件创新的产品、一个创新的构思或一种创新的组合，都包含有创造发明的内容。创新的创造性主要体现在组织活动的方式、方法以及组织机构、制度与管理方式上。其特点是打破常规、探索规律、敢走新路、勇于探索。其本质属性是敢于进行新的尝试，包括新的设想、新的试验等。

2. 目的性

人类的创新活动是一种有特定目的的生产实践。例如，科学家进行纳米材料的研究，目的在于发现纳米世界的奥秘，提高认识纳米材料性能的能力，促进材料工业的发展，提高人类改造自然的能力。

3. 价值性

价值是客体满足主体需要的属性，是主体根据自身需要对客体所作的评价。创新就是运用知识与技术获得更大的绩效，创造更高的价值与满足感。创新的目的性使创新活动必然有自己的价值取向。创新活动源于社会实践，又向社会提供新的贡献。创新从根本上说应该是有价值的，否则，就不是创新。创新活动的成果满足主体需要的程度越大，其价值就越大。一般来说，有社会价值的成果，将有利于社会的进步。

4. 新颖性

新颖性，简单理解就是“前所未有”。创新的产品或思想无一例外是新的环境条件下的新的成果，是人们以往没有经历体验过、没有得到使用过、没有贯彻实施过的东西。

用新颖性来判断劳动成果是否是创新成果时有两种情况：一是主体能产生出前所未有成果的特点。科学史上的原创性成果，大多属于这一类。这是真正高水平的创新；二是指创新主体能产生出相对于另外的创新主体来说具有新思想的特点。例如，相对于现实的个人来说，只要他产生的设想和成果是自身历史上前所未有的，同时，又不是按照书本或别人教的方法产生的，而是自己独立思考或研究成功的成果，就算是相对新颖的创新。两者没有明显的界限，只有一条模糊的边界。

5. 风险性

由于人们受所掌握的信息的制约和对有关客观规律的不完全了解，人们不可能完全准确地预测未来，也不可能随心所欲地左右未来客观环境的变化和发展趋势，这就使任何一项改革创新都具有很大的风险性。

三、创新与创业的关系

创业是基础，是创新的载体和表现形式，创新的成效只有通过创业实践来检验；创新是一种理念，创业着重的是对人的价值具体的体现；两者密不可分。仅仅具备创新精神是不够的，它只是为创业成功提供了可能性和必要条件，如果脱离创业实践，缺乏一定的创业能力，创新精神也就成了无源之水，无本之木。创新精神所具有的意义，只有通过创业实践活动才能有实现，才有可能最终产生创业的成功。创业与创新两者目标同向、内容同质、功能同效、殊途同归。围绕创业实践，通过多种途径，创业与创新要有机融入。创业者要具备创新精神和不断提升创新能力。

第二节　创业者素质

一、创业者的品质

1. 强烈的欲望

一个真正的创业者一定是有强烈的欲望者。因为我们想拥有财富，想出人头地，想获得社会地位，想得到别人的尊重。有人一谈起这些东西就觉得很庸俗，甚至一些成功者也不愿提起这样的话题，特别是一涉及钱，便变得很敏感、很禁忌，其实大可不必。

因为想得到，而凭自己现在的身份、地位、财富得不到，所以，要去创业，要靠创业改变身份，提高地位，积累财富，这构成了许多创业者的人生“三部曲”。

或许我们可以套用一句伟人的话：“欲望是创业的最大推动力。”

2. 开阔的眼界

对于创业者来说，只有真正见多识广。广博的见识，开阔的眼界，才能有效地拉近自己与成功的距离，使创业活动少走弯路。

如果我们是一个创业者，开阔的眼界意味着我们不但在创业伊始可以有一个比别人更好的起步，有时候它甚至可以挽救我们和我们企业的命运。

眼界的作用，不仅表现在创业者的创业之初，它会一直贯穿于创业者的整个创业历程。“一个创业者的眼界有多宽，他的事业也就会有多大。”

3. 善于把握趋势又通人情事理

创业是一个在夹缝里求生存的活动，首先要顺应社会，才能避免在人事关节上出问题。尤其处于社会转轨时期，各项制度、法律环境都不十分健全，创业者必须学会先顺应社会。

创业者不但要明政事、商事，还要明世事、通人事。如在国家政策方面，国家鼓励发展什么，限制发展什么，对创业之成败很有关系。选对了方向，顺着国家鼓励的层面努力，可能事半功倍；选反了方向，就会“鸡飞蛋打”。

良好人际关系是创业的基本需求，创业者一定要有很好的人际关系，这会为创业者带来很多的便捷和机会，这应该是一个创业者的基本素质。

4. 敏锐的商业嗅觉

通俗来讲，商业嗅觉就是把商机转化为财富的能力。这要求我们时刻保持清醒的头脑，以时刻把握行业的发展变化、时刻在变化中挖掘商机、时刻掌握对手的情况等。

5. 拓展人脉

创业不是引“无源之水”，栽“无本之木”。每一个人创业，都必然有其凭依的条件，也就是其拥有的资源。一个创业者的素质如何，看一看其建立和拓展资源的能力就可以知道。

6. 谋略

商场如战场，一个有勇无谋的人，早晚会成为别人的盘中餐。创业是一个斗体力的活动，更是一个斗心力的活动。创业者的智谋，将在很大程度上决定其创业成败。

7. 敢于冒险

创业本身就是一项冒险活动。要有胆量、敢下注，想赢也敢输。创业是最需要强大心理承受能力的一项活动。很多创业者在创业的道路上，都有过“惊险一跳”的经历。这一跳成功了，功成名就；要是跳不成，就只好“凤凰涅槃、浴火重生”了。事实上，创业需要胆量、需要冒险。冒险精神是创业家精神的一个重要组成部分。

8. 与他人分享的愿望

作为创业者，一定要懂得与他人分享。一个不懂得与他人分享的创业者，不可能将事业做大。分享包括团队内部与外部分享。对于内部分享来说，只有当老板舍得与员工分享，员工的需要都得到了满足，员工才会为老板做更多的事，赚更多的钱，做更大的贡献，回报老板。对于外部分享，由于分享不仅仅限于企业或团队内部，对创业者来说，对外部的分享有时候更为重要。

9. 锲而不舍，坚韧不拔

创业者不害怕失败，相信“成功的背后包含许多失败”，并因此坚定获取成功的决心。害怕失败的人会丧失他们可能具有的获得成功的动力，而且成功的创业者有能力从失败的经验中吸取教训，并且有效地调整方向，才能更好地理解自身和他人在造成失败中所起的作用，以便在将来避免类似问题再次发生。不断地“尝试—错误—矫正—尝试”的循环是创业者学习过程中不可缺少的一部分。

10. 自我反省的能力

成功创业者有一个共同之处，就是都非常善于学习，非常勇于进行自我反省。作为一个创业者，遭遇挫折，碰上低潮都是常有的事，在这种时候，反省能力和自我反省精神能够很好地帮助我们渡过难关。曾子说：“吾日三省吾身。”对创业者来说，问题不是一日三省吾身、四省吾身，而是应该时时刻刻警醒、反省自己，唯有如此，才能时刻保持清醒。

二、创业者的精神

创业精神作为一种精神内核，是可以培养与引导的。作为创业者，对自身创业精神的培养是非常必要的。创业者的创业精神包含以下几个方面。

1. 勇于创新的品质

创造力是人们利用已有的知识和经验创造出新颖独特、有价值的产品的能力，是人们自我完善、自我实现的基本素质。取得成功的创业者都具有一些共同的特质，他们能够在不断的变化中创造机会，积极地寻找新的机遇，不放过任何想法，即使是在一些传统的创业活动中，也同样能够找到创新的方向，创造出全新的商业模式从而取得成功。

创新品质的培养是贯穿始终的。任何的创新都是在原有的基础上进行改革，这说明创新品质可以通过后天培养与训练。作为创业者，创新品质与能力的基础不是随意空想，而是要培养对日常事物的观察与探索。褚时健在 75 岁时选择再次创业，还是选择传统的农业创业——开办自己的果园，他所种的橙子被人们誉为“褚橙”，这得益于他不断的创新精神。通过 6 年的时间，褚时健不断摸索，创立了一套自己的种植办法，对肥料、灌溉、修剪都有自己的要求，工人必须严格执行。种橙期间，遇到任何难题，他的第一反应就是看书，经常一个人翻书到凌晨 3:00—4:00，终于研究出了皮薄、柔软、易剥、味甜微酸、质绵无渣的“褚橙”，得到了市场的认可。

2. 敢于冒险的品质

创业是一项风险性活动，它的成功与否取决于很多确定因素和不确定因素。处理确定性因素，如注册公司、制定公司章程等活动的时候，付出和回报往往都能清晰地判断；而对不确定性因素，如创业方向的决策、人才引进的决策、拓展业务方法的决策等活动的处理，其产生的结果大部分都不能准确地预测和判断。不确定性因素意味着风险，而创业者必须具备面对和把握这种风险的能力，即冒险精神。

当然创业的冒险不是盲目地随着个人喜好发展，更不等同于赌博，它是建立在较大的成功概率之上的，是在敏锐的市场洞察力和详细的市场调查基础之上的理性激进的行为。在实践中，冒险表现出两种类型：本性型和认知型。前者出于天性，后者是可以在后天实践中培养起来的。因此，冒险精神可以通过训练内化习得。创业可以通过训练培养风险管理意识，即接受、认识、了解、衡量、分析以及处置风险的能力和意识。

3. 积极主动的精神

主动精神即进取精神，是一种源自自身积极努力地向目标挺进的精神力量，是创业者必备的心理素质，也是事业开创及开创之后持续发展的内在关键力量。在事业面临不确定情况的时候，进取精神能够启动创业者所有的思维和资源，去主动面对困难、解决困难，保证事业的顺利发展。

任何事业的开创都是主动进取的结果，在市场经济下，市场的竞争性特征决定了市场主体必须对信息和机会有更强的把握能力。要求他们主动寻找和把握机会，主动寻求资源和市场等来实现自己的事业目标。被动适应、等待机会和不作为式的创业是不可能持续的，注定会被市场淘汰。总之，市场经济需要主动进取的精神，在创业过程中，不能被动等待，要主动去关注这个世界，对外部世界保持好奇，主动去探索、去交流，在主动中把握机会。

4. 乐于合作的精神

合作精神是指 2 个或 2 个以上的个体为了实现共同目标（共同利益）而自愿结合在一起，一方面，通过相互之间的配合和协调而实现共同目标，最终个人利益也获得满足的一种社会交往导向心理状态。从另一方面来看，合作精神也是共享和共赢的一种体现。在信息化时代开放的市场环境下，没有人能独自创业成功，创业者需要尽可能降低风险，通过合作实现共赢是当今市场经济发展的必然趋势。

作为创业者，在创业的初始阶段，资金、人脉、能力都不可能完全具备，在精力上也不可能事事亲力亲为，必须借助合作伙伴的力量来取得成功。在必须借助企业外部力量的事业成长的关键期，创业者也必须具备与外部合作的意识。在进行关键策略决策时，创业者也必须借助团队，实现科学决策。创业团队在合作的过程中，面临创业观念、能力、知识，以及权利、物质上的利害关系，这些都需要相互磨合，在创业过程中不断锻炼。

三、创业者的心理素质

1. 敢为

对于想要创业的人来说，成功的第一要义便是敢想敢做，出手果断，正所谓“十个想法不如一个行动”。只有那种不仅有创业想法，且敢于行动的人才能真正获得创业成功的机会。

俗话说：万事开头难。我们说难在哪？难就难在我们没有胆量迈出第一步。每当遇到一个困难时，内心首先都要打个问号，这个我能办到吗？其实人人都能忍受灾难和不幸，并通过努力战胜它们。但是现实中就是有人怀疑自己的能力，此时也变得没有胆量。殊不知，人类有强得惊人的潜力。只要我们加以利用，便能引领我们渡过难关。我们其实可以比我们想象的更加坚强，更有胆量，战胜一个又一个困难后，有了胆量，也就能够提升气场。

一万个空洞的幻想还不如一个实际的行动，唯有行动才可以改变我们的命运。很多人对创业充满期望，却又对自己缺乏信心。其实谁都可以致富，只要我们敢去做。在我们身边，许多相当成功的人，并不一定是他比我们“会”做，更重要的是他比我们“敢”做。

2. 独立

创业既为社会积累物质财富和精神财富，又是谋生和立业。创业者首先要走出依附于他人的生活圈子，走上独立的生活道路。因此，独立性是创业者最基本的个性品质。

作为一名创业者，我们应该建立自己的正见，正思维，建立一个衡量事物的标准。一个人一生中有很多的创业机会，只是太多人在新产业和机会面前看不懂，不明白，前怕狼后怕虎，总是在怀疑或担心这个那个的问题，总是很习惯地去问自己身边同一个层次的人：这个东西能不能做，有没有风险，这个东西合不合法，这个东西我要不要做，这个东西市场能不能被接受等问题。更严重的是自己已经明白了这个机会，但就是迈不出行动的那一步，总是更多的是让身边的人主宰着自己的思维和发展。事实上我们会发现，任何一位成功的人都是他在影响着别人的思维和行动，让更多的人跟着他的脚步在走，他们在做任何一件事情的时候都是在无声无息中进行着，当很多人知道的时候他们已经非常成功了，然而我们却在不知不觉中成为了他们产业链中的一名消费者！

3. 自信

人的意志可以发挥无限力量，可以把梦想变成现实。对创业者来说，信心就是创业的动力。要对自己有信心，对未来有信心，要坚信成败并非命中注定而是全靠自己努力，更要坚信自己能战胜一切困难创业成功。

与金钱、势力、出身、亲友相比，自信是更有力量的东西，是人们从事任何事业最可靠的资本。自信能排除各种障碍、克服种种困难，能使创业获得完满成功。

4. 耐挫

世上没有绝对保险的生意，失败的风险随时可能发生。创业之路不会一帆风顺，所以，如果不具备良好的耐挫能力、坚韧的意志，一遇到挫折就垂头丧气，一蹶不振，那么，在创业的道路上是走不远的。只有具备处变不惊的良好素质和愈挫愈强的顽强意志，才能在创业的道路上自强不息，锐意进取，顽强拼搏，才能从小到大，从无到有，闯出属于自己的一番事业。

挫折和失败是中外创业者必须时刻面对的“家常便饭”，没有足够的耐挫能力就不可能在艰辛的创业道路上坚持下去、不可能登上成功的高峰。

5. 会减压

中国已经进入全民创业时期，在创业过程中，刚起步阶段是最关键的，它不仅关系到一个企业后来的成败，同时，也是创业者最能发挥其主观能动性的阶段。如今越来越多的人愿意选择创业来代替就业，若成功不仅可以为社会创造一定的财富，帮助部分人解决就业，还可以实现自己的理想。但是，随着经济的发展，企业之间的竞争越来越激烈，创业者的压力也随之变大，特别是对于“初来乍到”的创业者来说，不仅缺乏一定的社会资源，还面临着很多的角色转变。如果创业者的压力不能够得到良好的梳理，一方面会影响个人的身心健康；另一方面很有可能会导致自己放弃创业。在创业的过程中，或许会面对很多的困惑，要学会适时减压。

第三节　科学创业

一、捕捉创业机会

我们正处在一个充满机会的年代。机会是一个神圣的因素，就像夜空中偶尔飞过的流星，虽然只有瞬间的光辉，但却照亮了漫长的创业里程。机会对于所有的创业者都是均等的，每个创业者都不缺少机会。不同的是，有的人在机会到来时紧紧抓住了它，创出了一番事业；有的人面对机会却无动于衷，错失良机。如何识别创业机会，是创业者首先要解决的问题。

1. 创业机会信息的收集

创业机会信息的收集是使创意变为现实的创业机会的基础工作。

（1）根据创意明确研究的目的或目标。例如，创业者可能会认为他们的产品或服务存在一个市场，但他们不能确信产品或服务如果以某种形式出现，谁将是顾客？这样，研究的一个目标便是向人们询问他们如何看待该产品或服务，是否愿意购买，了解有关人口统计的背景资料和消费者个人的态度。当然，还有其他目标，如了解有多少潜在顾客愿意购买该产品或服务，潜在的顾客愿意在哪里购买，以及预期会在哪里听说或了解该产品或服务等。

（2）从已有数据或第一手资料中收集信息。这些信息主要来自于商贸杂志、图书馆、政府机构、大学或专门的咨询机构以及互联网等。一般可以找到一些关于行业、竞争者、偏好趋向、产品创新等方面的信息。该种信息的获得一般是免费的，或者成本较低。

（3）从第一手资料中收集信息。包括一个数据收集过程，如观察、访谈、集中小组试验以及问卷等。该种信息的获得一般来说成本比较高，但却能够获得有意义的信息，可以更好地识别创业机会。

2. 创业机会的发现

投资创业要善于抓住好的机会，把握住了每个稍纵即逝的投资创业机会，就等于成功了一半。发现创业机会的方法，具体表现在以下几个方面。

（1）变化就是机会。环境的变化会给各行各业带来良机，人们透过这些变化，就会发现新的前景。变化可以包括：产业结构的变化、科技进步、通信革新、政府放松管制、经济信息化和服务化、价值观与生活形态变化、人口结构变化。

（2）从“低科技”中把握机会。随着科技的发展，开发高科技领域是时下热门的课题，但机会并不只属于高科技领域，在运输、金融、保健、饮食、流通这些低科技领域也有机会，关键在于开发。

（3）集中盯住某些顾客的需要就会有机会。机会不能从全部顾客身上去找，因为共同需要容易认识，基本上已很难再找到突破口，而实际上每个人的需求都是有差异的，如果我们时常关注某些人的日常生活和工作，就会从中发现某些机会。因此，在寻找机会时，应习惯把顾客分类，认真研究各类人员的需求特点。

（4）追求“负面”就会找到机会。追求“负面”，就是着眼于那些大家“苦恼的事”和“困扰的事”。因为是苦恼、是困扰，人们总是迫切希望解决，如果能提供解决的办法，实际上就是找到了机会。

3. 创业机会的时机判断

创业机会存在于或产生于现实的时间之中。一个好的机会是诱人的、持久的、适时的，它被固化在一种产品或服务中，这种产品或服务为它的买主或最终用户创造或增加了价值。在创业的过程中可能存在这样的问题：如果真的有一个经营机会，是否有抓住这个机会的足够时间呢？这取决于技术的动作和竞争对手的动向等因素，所以说，一个市场机会通常也是一个不断移动的目标，因此，在此意义上，存在着一个“机会窗口”。所谓机会窗口，就是指市场存在的发展空间有一定的时间长度，使得创业者能够在这一时段中创立自己的企业，并获得相应的盈利与投资回报。

4. 创业机会的把握

创业者不仅要善于发现机会，更需要正确把握并果敢行动，将机会变成现实的结果，这样才有可能在最恰当的时候出击，获得成功。把握创业机会，应注意以下几点。

（1）着眼于问题把握机会。机会并不意味着无须代价就能获得，许多成功的企业都是从解决问题起步的。问题就是现实与理想的差距，顾客需求在没有满足之前就是问题，而设法满足这一需求，就抓住了市场机会。

（2）利用变化把握机会。变化中常常蕴藏着无限商机，许多创业机会产生于不断变化的市场环境。环境变化将带来产业结构的调整、消费结构的升级、思想观念的转变、政府政策的变化、居民收入水平的提高。人们透过这些变化，就会发现新的机会。

（3）跟踪技术创新把握机会。世界产业发展的历史告诉我们，几乎每一个新兴产业的形成和发展都是技术创新的结果。产业的变更或产品的替代既满足了顾客需求，同时，也带来了前所未有的创业机会。

（4）在市场夹缝中把握机会。创业机会存在于为顾客创造价值的产品或服务中，而顾客的需求是有差异的。创业者要善于找出顾客的特殊需要，盯住顾客的个性需要并认真研究其需求特征，这样就可能发现和把握商机。

（5）捕捉政策变化把握机会。中国市场受政策影响很大，新政策出台往往引发新商机，如果创业者善于研究和利用政策，就能抓住商机，站在潮头。

（6）弥补对手缺陷把握机会。很多创业机会是缘于竞争对手的失误而“意外”获得的，如果能及时抓住竞争对手策略中的漏洞而大做文章，或者能比竞争对手更快、更可靠、更便宜地提供产品，更优质地提供服务，也许就找到了机会。

二、选择创业项目

现代农业能够有效地提高农业综合生产能力，增强种养业的竞争力，促进农村经济发展，快速增加农民收入。通常，现代农业创业项目有许多种类可以选择，归纳起来，主要有以下几方面的项目。

1. 规模种植项目

随着我国现代农业的快速发展，家庭联产承包经营与农村生产力发展水平不相适应的矛盾日益突出，农户超小规模经营与现代农业集约化生产之间的不相适应越来越明显。我国农户土地规模小，农民经营分散、组织化程度低、抵御自然和市场风险的能力较弱，很难设想，在以一家一户的小农经济的基础上，能建立起现代化的农业，并实现较高的劳动生产率和商品率。规模种植业便于集中有限的财力、人力、技术、设备，形成规模优势，提高综合竞争力。因此，打破田埂的束缚，让一家一户的小块土地通过有效流转连成一片，实施机械化耕作，进行规模化生产，既是必要的、也是可能的。这也成为农业创业的重要选择项目。

适合规模种植业创业的条件：一是有从事规模种植业的大面积土地，土地条件要便于规模化生产和机械化耕作；二是有大宗农副产品的销售市场；三是当地农民有某种作物的传统种植经验。

2. 规模养殖项目

国家在畜牧业发展方面重点支持建设生猪、奶牛规模养殖场（小区），开展标准化创建活动，推进畜禽养殖加工一体化。标准化规模养殖是今后一个时期的重点发展方向。也就是说，规模养殖业已经成为养殖业创业类型中的必然选择。近几年不断出现的畜禽产品质量安全问题，促使国家更加重视规模养殖业的发展。只有规模养殖业才能从饲料、生产、加工、销售等环节控制畜禽产品的质量，国家积极推进建立的各类畜禽产品质量安全追溯体系适合于规模养殖业。在这样的政策背景下，选择规模养殖业创业项目不失为一个明智的选择。规模养殖业是技术水平要求较高的行业，如果选择规模养殖业为创业项目，一定要注意认真学习养殖和防疫技术，万不可想当然、靠直觉，要多听专家的意见，或者聘请懂技术的专业人员。

适合规模养殖业创业的条件：一是当地的气候、水文等自然条件要适宜，周围不能有工业或农业污染，交通要便利，地势较高；二是发展规模养殖所用土地要能够正常流转；三是畜禽产生的粪污要有科学合理的处理渠道；四是繁育孵化、喂饲、饮水、清粪、防疫、环境控制等设施设备要齐备。

3. 设施农业项目

设施农业是指在不适宜生物生长发育的环境条件下，通过建立结构设施，在充分利用自然环境条件的基础上，人为地创造生物生长发育的生境条件，实现高产、优质、高效的现代化农业生产方式。随着社会经济和科学技术的发展，传统农业产业正经历着翻天覆地的变化，由简易塑料大棚和温室发展到具有人工环境控制设施的自动化、机械化程度极高的现代化大型温室和植物工厂。当前，设施农业已经成为现代农业的主要产业形态，是现代农业的重要标志。设施农业主要包括设施栽培和设施养殖。

（1）设施栽培项目。目前主要是蔬菜、花卉、瓜果类的设施栽培，设施栽培技术不断提高发展，新品种、新技术及农业技术人才的投入提高了设施栽培的科技含量。现已研制开发出高保温、高透光、流滴、防雾、转光等功能性棚膜及多功能复合膜和温室专用薄膜，便于机械化卷帘的轻质保温被逐渐取代了沉重的草帘，也已培育出一批适于设施栽培的耐高温、弱光、抗逆性强的设施专用品种，提高了劳动生产率，使栽培作物的产量和质量得以提高。

（2）设施养殖项目。目前主要是畜禽、水产品和特种动物的设施养殖。近年来，设施养殖正在逐渐兴起。下面是设施养殖装备类型及其应用简介。

一是设施养猪装备：常用的主要设备有猪栏、喂饲设备、饮水设备、粪便清理设备及环境控制设备等。这些设备的合理性、配套性对猪场的生产管理和经济效益有很大的影响。由于各地实际情况和环境气候等不同，对设备的规格、型号、选材等要求也有所不同，在使用过程中须根据实际情况进行确定。

二是设施养牛装备：主要有各类牛舍、遮阳棚舍、环境控制、饲养过程的机械化设备等，这些技术装备可以配套使用，也可单项使用。

三是设施养禽装备：现代养禽设备是用现代劳动手段和现代科学技术来装备的，在养禽特别是养鸡的各个生产环节中使用，各种设施实现自动化或机械化，可不断地提高禽蛋、禽肉的产品率和商品率，达到养禽稳定、高产优质、低成本，以满足社会对禽蛋、禽肉日益增长的需要。设施养禽主要有以下几种装备：孵化设备、育雏设备、喂料设备、饮水设备、笼养设施、清粪设备、通风设备、湿热降温系统、热风炉供暖系统等。

四是设施水产养殖装备：设施水产养殖主要分为两大类：一是网箱养殖，包括河道网箱养殖、水库网箱养殖、湖泊网箱养殖、池塘网箱养殖；二是工厂化养鱼，包括机械式流水养鱼、开放式自然净化循环水养鱼、组装式封闭循环水养鱼、温泉地热水流水养鱼、工厂废热水流水养鱼等。

目前，设施农业的发展以超时令、反季节生产的设施栽培生产为主，它具有高附加值、高效益、高科技含量的特点，发展十分迅速。随着社会的进步和科学的发展，我国设施农业的发展将向着地域化、节能化、专业化发展，由传统的作坊式生产向高科技、自动化、机械化、规模化、产业化的工厂型农业发展，为社会提供更加丰富的无污染、安全、优质的绿色健康食品。

4. 休闲观光农业项目

休闲观光农业是一种以农业和农村为载体的新型生态旅游业，是把农业与旅游业结合在一起，利用农业景观和农村空间吸引游客前来观赏、游览、品尝、休闲、体验、购物的一种新型农业经营形态。休闲观光农业主要有观光农园、农业公园、教育农园、森林公园、民俗观光村等5种形式。

现代农业不仅具有生产性功能，还具有改善生态环境质量，为人们提供观光、休闲、度假的生活性功能。也就是说，农业生产不仅要满足“胃”，还要满足“心”，满足“肺”。随着人们收入的增加以及闲暇时间的增多，人们渴望多样化的旅游，尤其希望能在广阔的农村环境中放松自己。休闲观光农业的发展，不仅可以丰富城乡人民的精神生活，优化投资环境，而且能实现农业生态、经济和社会效益的有机统一。

休闲观光农业创业要具备以下条件：一是当地要有值得拓展的旅游空间，休闲观光创业项目要有自己的特点，不能完全雷同；二是农业旅游项目要能够满足人们回归大自然的愿望，软硬件设施要，满足游客的需要；三是周围要有休闲观光消费的群体，消费群体要有一定的消费能力；四是休闲观光项目要能够增加农业生产的附加值，要能配套开发出相应的旅游产品。

5. 农产品加工项目

农产品加工业有传统农产品加工业和现代农产品加工业两种形式。传统农产品加工业是指对农产品进行一次性的不涉及对农产品内在成分改变的加工，也是通常所说的农产品初加工。现代农产品加工业是指用物理、化学等方法对农产品进行处理，改变其形态和性能，使之更加适合消费需要的工业生产活动。依托现代农产品加工业实现创业成功的例子不胜枚举，是否也可以依靠当地农产品资源进行现代农产品加工创业呢？创业之初，完全可以把规模缩小一点，充分考虑市场风险，随着技术和市场的不断成熟再不断改进加工工艺并扩大规模，最终实现创业成功。

农产品加工业创业应有的条件：一是产品要有丰富的市场需求；二是加工原料要有充足的来源；三是要有能赢得良好口碑的产品。

6. 农业社会化服务项目

农业社会化服务业是指以现代科技为基础，利用设备、工具、场所、信息或技能为农业生产提供服务的经营活动。农业社会化服务业作为现代农业的重要组成部分，在拓展农业外部功能、提升农业产业地位、拓宽农民增收渠道等方面都发挥着积极作用。如果要选择农业社会化服务业为创业项目，必须认真思考自己周围是否具有服务对象。假如周围有很多人从事规模养殖业，就可以考虑从事相关的养殖设备、兽药或饲料的销售服务。如果周围有很多人从事设施园艺业，就可以考虑从事园艺设备如农膜、穴盘和化肥、农药等的销售服务。总之，农业社会化服务业创业项目成功的关键，在于根据服务对象选择合适的服务项目。

三、制定创业计划

制定创业计划，就是使创业者在选定创业项目、确定创业模式之前，明确创业经营思想，考虑创业的目的和手段，为创业者提供指导准则和决策依据。

1. 创业计划的含义

创业计划是创业者在初创企业成立之前就已经准备好的一份书面计划，用来描述创办一个新的风险企业时所有的内部和外部要素。创业计划通常是各项职能如市场营销计划、生产和销售计划、财务计划、人力资源计划等的集成，同时，也提出创业的头3年内所有长期和短期决策制定的方针。

创业计划也是对企业进行宣传和包装的文件。它向风险投资企业、银行、供应商等外部相关组织宣传企业及其经营方式；同时，又为企业未来的经营管理提供必要的分析基础和衡量标准。在过去，创业计划单纯地面向投资者；而现在，创业计划成为企业向外部推销自己的工具和企业对内部加强管理的依据。

2. 创业计划的作用

“三思而后行”。做任何事情都要事先做好计划，创业尤其如此。在创业初期，创业者不可能对市场有很详细的调查数据，也无法准确地了解竞争对手的情况，创业计划可能不会规划出必然的蓝图，但是，至少有着以下几个方面的作用。

（1）把计划中要创立的企业推销给自己。通过创业计划的制订，创业者必须建立自信，应该以认真的态度对自己所拥有的资源、已知的市场情况和初步的竞争策略做一个简单的分析，并提出一个初步计划。通过将心中的设想编写成书面的、规范的创业计划，创业者可能会发现，事情原来并非想象中的简单。原来很多因素都没有想到，很多设想都不现实。这时候，需要创业者保持清醒的头脑，客观地、严肃地、不带个人主观情感地从整体角度审视自己的创业思路，并且适当地进行调节，使得计划更趋完美，以确保计划的可操作性。当然，通过撰写书面的创业计划，如果发现原来的设想根本不可能成为现实，创业者不得不放弃该创业念头时，千万不要勉强。

（2）把要创办的风险企业推荐给风险投资家。创业计划是创业融资的必备工具。对于初创的风险企业来说，创业计划的作用尤为重要。企业的成长基本上离不开外来资金。如果没有创业计划，创业者就无从知道创办这家企业所需资金的确切数目，也就不知道到底还缺多少资金。风险投资家都要求创业者提供创业计划，他们依据创业计划进行评价和筛选，选择他们认为最有发展潜力的企业进行投资。但是，必须明确的是，即使创业者不需要借钱、也不需要寻找合作伙伴，但必须撰写详细的创业计划。

(3) 有利于获得银行贷款等其他资金。银行一般只要求申请贷款的企业提供过去和现在的财务报表。但是，初创的企业经营风险太大，为这类企业提供贷款，银行一般先要求创业者提供创业计划。对于银行来说，一份制作规范而专业的创业计划就等于一张考究的名片。一份书面的创业计划会提供很多的信息，是一份浓缩了的企业经营设想。一份详尽的、与众不同的、切实可行的创业计划将大大降低银行发放贷款的风险，增加获得贷款的机会。当然，创业计划也有利于初创企业获得其他形式的资金支持。

(4) 有利于企业的经营管理。完美的创业计划可以增强创业者的自信，创业者会明显感到对企业更容易控制、对经营更有把握。因为创业计划提供了企业全部的现状和未来发展的方向，也为企业提供了良好的效益评价体系和管理监控指标。创业计划使得创业者在创业实践中有章可循。

创业计划还可以激励管理层以及公司普通员工。在创业初期，“人才可遇而不可求”。一个很重要的问题，就是如何让每一位成员了解本企业的发展战略和创业计划，并朝同一目标努力。如果企业内部的每一位员工对企业的发展战略有不同的看法。则企业就很难取得什么成就。获得认可的创业计划有助于把所有成员凝聚在一起，真正做到“心往一块想，劲往一处使”。

四、实施创业计划

通过策划和调研，真正确定了创业的项目，制定了创业计划书，开始实施创业计划时，你必须对创业规模、组织方式、组织机构、经营方式等方面作出决策，这将涉及一系列具体的问题，包括资金筹措、人员组合、场地选择、手续办理等。

1. 创业融资

创业者成立企业，除了一些基本工作之外，还需要创业资金。拥有的资金越多，可选择的余地就越大，成功的机会就越多。如果没有资金，一切就无从谈起。对于广大的创业者来说，创业初期最大的困难就是如何获得资金。融资的方式和渠道多种多样，创业者需要进行比较，并确定适合于自己的融资方式和途径。

2. 人员组合

选择了创业目标，制定了创业计划，明确了创业模式，确定了产品或服务方案，资金也筹措到位后，选择最佳的人员配备和组合就成了创业者的一个重要任务。

创办一个企业，如果有一个充满活力和凝聚力、具有协调性和开拓性的人员组合体，这个企业必将有一个良性发展的开端。能极大地调动起每个员工的工作积极性，营造出一个团结协作、以企为家的和谐氛围。

人员的组合只有在一定的范围内，依据有关方法，遵循必要的人员组合原则和标准，才能使人力资源配置达到最佳状态。

3. 确定经营方式

初创业者，规模不论大小，因为大有大的优势（大船抗风浪），小有小的好处（小船好掉头），但发展到一定程度之后，“航速”已经平稳，一切走上正轨，就不能不讲究规模与技术水平。否则，永远只能在低水平上徘徊，自身难以发展。而在市场经济中，得不到发展常常也就意味着衰败的来临。

农民工创业之初，企业的自身发展常常受到各种条件或因素的局限，规模与速度都很难尽如人意。偏偏小企业抗衡市场风浪的能力又非常孱弱，于是就陷入了一个怪圈：企业小，难抗风浪，困难多，一发展甚至生存更艰难，困难更多。

怎么解决这个难题？各地农民朋友已经想出了许多很好的办法。

（1）股份制。既是大家各出股金，集中管理运作，共同投入于某一项目。等于是举全体之力，奋力一搏。

（2）联营制。联营制也称“公司+农户”。即对外是一个统一的公司，统一商标，统一营销，统购原材料，统一质量标准；对内实际上则是各家各户单独种植、养殖或加工制造，分批分类交售。

（3）协会制。既是组建行业协会，由协会统一质量标准或营销价格，各会员则自行组织生产、销售。

以上方法各有不同的适宜对象。创业中的农民工朋友们可以根据自己的情况来斟酌选择。

4. 场地选择

对于商业服务企业，只有选好址、立好地，才能立业、立命。有经验的企业家都能意识到选址定位的重要性。一些快餐业和超市连锁店经营失败的直接原因就是选址不当。

无论企业是刚刚开始，还是企业已经发展到成熟期，选址定位对企业的发展都是相当重要的。虽然选址要花费一定的精力、时间或金钱，但是如果能提高成功的几率，你所投入的一切完全是值得的。

【相关案例】

夏剑锋的农民创业之路

作为一个土生土长的农村人，夏剑锋与家乡这片土地结下了近10年的不解之缘。金山工业区高楼村东风9组的夏剑锋是一个普通的“80后”青年，入伍后积极上进，2000年退役回乡后曾在工业区“百特”有限公司工作，参加工作近10年后，2009年辞职投身农业。作为一个“80后”，很多人难以理解他投身于农业这个行业，在父辈们看来，农民的产出和投入不成正比。当面对种植失败的风险时，作为一个退伍军人，有的就是不怕吃苦、敢于冒险的精神，在夏剑锋看来挑战与机遇是并存的。从企业到农田，从辞职到创业，凭着一番干劲开创出了一番新事业，如今也算是金山区农村种植业的行家里手。几年前成立上海仁生果蔬专业合作社，坐落于金山区朱行镇高楼东风村，是一家融种植、加工、销售于一体的农民专业合作社。主要生产以金山“鑫品美”草莓、“金山小皇冠”西瓜、亭林雪瓜为主的优质西甜瓜，均采用标准化优质栽培模式，发展至今全社种植面积达130余亩年产值350万元左右，被评为金山区示范合作社，绿色防控基地，市级家庭农场。

在前期创业之初，夏剑锋对种植行业进行了市场调查、深入研究，鉴于对种植行业经验的缺乏，开始引进易种好销的优良的扶郎花种苗等，凭着执着的干劲以及对土地的一份深情，一口气租赁了40亩土地，在100多个塑料大棚内进行种植，边学边干，但是市场行情不稳定。一次偶然的机会，他尝到的奶油草莓，其口感非常好，又是最新的品种，而市场没有，也没有人大面积种植这个品种，这也让夏剑锋寻找到替代品——种植草莓，也为他的成功带来了契机。夏剑锋退出花卉市场开始种植新品种草莓。刚接触这个行业知识缺乏，通过网络找到了草莓种苗基地，2009年一口气种了6亩草莓，又通过网络学习和农技中心的培训，克服了种植知识缺乏、突发病虫侵害等技术难关后，种植的6亩奶油草莓通过微博“金山草莓哥”宣传，吸引许多人来采摘，当年就获得24万元收益。2010年通过农技推广中心的帮助加入了“鑫品美”品牌，通过培训一改传统使用农药、化肥的种植方法，运用高端生态有机肥种植，绿色防控等技术，实现有效品控向绿色环保农业回归。通过这种改良种植后，进一步提升了草莓的品质，口感更佳。2012年参加了农委举办的首届金山草莓节，由于草莓品质过硬卖的非常火爆，赢得了不少回头客。每年的种植面积翻倍增长，2017年和2018年连续2年种植达60多亩亩产值4万元左右，取得非常好的效益。在农技推广中心的指导下夏剑锋又种植了金山小皇冠西瓜、亭林雪瓜这几个品种的种植，而且，都是金山特有的品牌，通过标准化无公害栽培模式，西瓜品质优良，其产品每年都供不应求。由于西甜瓜种植需要每年轮换土地，2014年开始种植水稻成立了家庭农场，与西甜瓜轮换土地种植，建立了农民合作社+家庭农场的模式，这种双赢模式下，产生了较好的经济效益和生态效益。以前的几十个大棚发展成现在100多个大棚，种植面积也达130多亩，同时，又增加了哈密瓜、桃太郎番茄和水果玉米的种植，丰富了农产品的种类，也得到了一致好评。特别是桃太郎番茄2018年4亩桃太郎销售额达20万元，客户对它的品质有很高的评价，真的吃出小时候的味道。

夏剑锋现在靠科学种植，生产规模大了，为了提高工作效率，增加效益，实现规模化经营，因此，要掌握市场需求，拓宽农产品销售渠道，需要环保设施、标准化生产。夏剑锋说："做到市场供应，均衡上市，避免价格的大起大落，保质保量，在农产品的销路上有竞争力，过去主要靠失败教训的积累，对品种与天时地利的掌握，几年的摸索总结，搞农业基本是经验加学习取经，现在通过网络、书本学习，农业培训正好弥补了我技术上、经营管理上的不足，拓展了思路"。在市场经济的条件下，增产不一定增收，关键在于农产品能否卖出去，并且卖一个好价钱，农民合作社和家庭农场的模式其中起到了重要的作用，国家的惠农政策让夏剑锋从中得到了确实的实惠。

夏剑锋积极拓宽销售渠道，除了利用亲戚朋友的人脉关系和传统模式的推广外，还开设上海仁生果蔬合作社的网站、以"金山草莓哥"身份注册开通微博、微信，与网友们时时互动、并开始运用淘宝等电子商务销售自产的农产品，也受到了一致好评，并建立了自己的粉丝群；作为“鑫品美”品牌的示范基地，通过农委的品牌宣传在中环百联、汇金超市、城市超市等设立专卖点，人气不断暴涨，品种影响力不断提升，有效促进草莓销售渠道的畅通。除了销售外，夏剑锋还注重以农家乐为主题，为工业区和企业等举办活动提供场所。从2013年开始，连续几年组织了百特公司500人采摘活动、“缘之园”相亲活动、开展草莓采摘亲子游等主题活动，带动了草莓种植观赏、采摘和销售为一体的农家乐产业模式。

近2年夏剑锋还利用承包的土地进行草莓种苗的培育，金山区的草莓种植预计达到2 500亩，而目前的种苗基本从浙江省农科院引进，经过几年的草莓种试验，有成功有失败，由于气候因素给草莓育苗带来很大的不确定性，他努力钻研育苗技术，希望能在恶劣的气候条件下也能培育出优质的种苗。在销售草莓种苗的同时，也带动了一批草莓种植户。

在农田里奋斗了几年，他不仅取得了一定的经济效益，还不断提高刻苦钻研、积极创新的能力。奶油草莓种苗的培育、黄瓤西瓜的栽培和种植等，夏剑锋都还在努力耕耘着、实践着…….如何紧跟市场需求，适时变换种植品种；怎样在发展农业生产的同时，提高自身文化修养，把学到的知识指导实践，使自己的农业种植发展壮大起来，同时，带动周围的农民致富，回报社会，为新农村建设作出贡献。将逐步形成规模化、工厂化、观赏化，建成较为完善的新型现代农业，确保经济效益不断提高。

为了改变合作社的产品结构、提升产品形象，增加产品的附加值，夏剑锋申请了“金山工业区优质草莓基地项目”，促进金山特色农产品生产技术水平的提高，多方面服务本地农户的草莓种植；完善各项管理制度及数据积累，提高草莓生产的经济效益及社会效益，不断促进本地区特色农产品产业的发展。选用进口的棚膜和遮阴网有效配合，实现温湿度控制，使得环境利于草莓生长及提升品质。建立可追溯质量体系。园区内建立产地、生产基础信息、包装、标志和产品相对应的统一编码管理，实现产品质量信息可追溯。

合作社拥有规范的合作社章程，有固定的办公场所，对外经营情况良好，在同行业起到示范引领作用，发展前景良好，销售量逐步扩大，逐步完善合作社的栽培模式，逐步向精细化品种种植发展，对于发展和扩大金山地区名特优品种的种植，提高知名度都具有一定的意义；同时，通过带动周边农户的种植，也增加了周边闲置农民工的务工收入，社会效益显著。他们将坚定不移地恪守自己的理念，为社会提供更多优质、安全、健康的农产品而不懈努力。

参考文献

重庆市农业广播电视学校组. 2016. 新型高素质农民综合素质读本［M］. 北京：中国农业出版社.

杜遥，王秋芬，张文林. 2016. 新型高素质农民创业指导手册［M］. 北京：中国农业科学技术出版社.

全国农业技术推广服务中心. 2018. 新型高素质农民实用技术读本［M］. 北京：中国农业出版社.

袁海平，顾益康，李震华. 2017. 新型高素质农民素质培育概论［M］. 北京：中国林业出版社.

张琳，邹琴琴，郑霞娟. 2018. 农业职业经理人［M］. 北京：中国农业科学技术出版社.

张勇. 2019. 乡村振兴战略规划（2018—2022 年）［M］. 北京：中国计划出版社.